마을공동체와
사회적
경제 살리기

마을공동체와
사회적
경제 살리기

일본의 커뮤니티 레스토랑 사례를 통해 보는 경제 해법

세코 카즈호
조추용·조명아

서문

"커뮤니티 레스토랑"은 참여형, 순환형 지역사회 만들기를 위해 NPO(비영리단체, Non Profit Organization)가 커뮤니티를 형성하고, 그 커뮤니티를 중심으로 비즈니스를 영위하는 사업모델입니다.

2002년부터 시작된 커뮤니티 레스토랑 프로젝트는 기대 이상의 성과를 거두고 있습니다. 첫해부터 공개강좌 및 실천 연수를 실시했고, 다음 해부터는 전국 각지에서 커뮤니티 레스토랑들이 개점하고 있습니다.

개점 초기 단계인 각 지역의 커뮤니티 레스토랑들은 계속해서 성장하고 있으며, 커뮤니티 레스토랑끼리 네트워크를 형성하는 단계에 이르렀습니다.

그래서 이 책의 제목을 "함께하는 식탁-커뮤니티 레스토랑"이라고 지었습니다. 이 책이 전국 방방곡곡에 커뮤니티 레스토랑이 설립되고 발전하는 데에 도움이 되기를 간절히 바랍니다. 더 나아가 이 책이 지역 공동체 형성과 커뮤니티 비즈니스 경영, 참여협동형 지역사회 형성에 도움이 된다면 더 바랄 나위가 없겠습니다.

이 책을 내기까지 일본 각지의 커뮤니티 레스토랑 분들께 도움을 받았습니다. 다시 한번 이 자리를 빌어 감사의 말씀 드립니다. 이 책을 통해 한국에서도 독창적인 운영 방식과 아이디어를 가진 커뮤니티 레스토랑들이 탄생하기를, 그리고 커뮤니티 레스토랑들 간의 네트워크가 더욱 활성화되기를 바랍니다.

세코 카즈호(世古一穗)

옮긴이 머리말

커뮤니티 레스토랑(community restaurant)은 영어 뜻 그대로 마을식당이다. 즉 음식을 매개로 마을에서 사람들이 모여서 어떤 목적을 이루어낸다는 것이다. 지역사회의 창업모델로 확장되는 커뮤니티 레스토랑은 맛있게 먹고, 즐겁게 일하는 휴식의 장소이다.

본문에서 음식을 제공하는 원리는 다음의 네 가지 한자성어로 표현된다. 지산지소(地産地消, 로컬푸드, 그 고장에서 생산된 것을 그 고장에서 소비하는 것), 순산순식(旬産旬食, 그 계절에 생산한 것을 그 계절에 먹는 것), 의식동원(醫食同源, 약을 먹는 것도 음식을 먹는 것도 그 근원은 동일한 것), 신토불이(身土不二, 몸과 땅은 둘이 아니고 하나라는 것)이다.

한편 커뮤니티 레스토랑은 마을(지역사회)을 근간으로 개점하였기 때문에 기능적인 측면을 살펴보면, 첫째, 아이가 혼자 빈집을 지키고 있거나 노인이 홀로 생활하고 있으면 이웃이 어떠한 형태로든 보살펴준다. 다른 지역에서 이사 왔을 때 마을생활에 필요한 정보와 저렴하고 맛있는 가게를 알려준다. 커뮤니티 레스토랑이 바로 지향하는 것은 이러한 마을의 커뮤니티 재생이다. 둘째, 지역주민들의 다양한 요구에 맞추어 여성이 지역에서 안심하고 일할 수 있는 장소 만들기, 장애인이 일할 수 있는 장소만들기, 등교거부 아이들의 탈출구 만들기, 노인들의 모임 장소만들기, 순환형 사회의 거점만들기, 복지 취업과 사회취업의 중간형인 이른바 NPO취업모델 만들기 등의 기능이다.

이러한 커뮤니티 레스토랑은 2002년부터 세코 카즈호(世 古一穗) 씨가 씨앗을 뿌려서, 현재까지 일본 전국에 150여 곳 이 개업하여 운영되고 있다. 이 책은 각기 다른 목적과 운영 방법, 참여형태, 특색을 갖추어서 개업하여 네트워크를 구 성하고 있는 커뮤니티 레스토랑을 소개하고 있다. 세코 씨 는 일본 각지에서 활성화되고 있는 커뮤니티 레스토랑이 한 국에서도 마을 만들기나 마을 경영으로서 참가 협동형 지 역사회 형성에 도움이 되면 좋겠다고 하며 역자에게 번역을 권유했다. 안심할 수 있는 안전한 음식의 제공과 지역의 농 업이나 어업 종사자와의 협동을 기본으로 생성하여 발전해 나가는 커뮤니티 레스토랑의 핵심 콘셉트는 사회적 경제, 공유경제, 지역사회의 센터 등의 의미를 지닌다. 최근 핵심

키워드는 사회적 연대 경제라 하고 다르게는 '나눔의 경제'라고 지칭하고 있다.

역자는 이러한 커뮤니티 레스토랑이 우리나라에 활성화되기를 바란다. 한때 한국 사회에서는 '이웃사촌'이라는 단어가 있을 정도로 이웃이 나의 혈연처럼 가까운 관계로 받아들여졌다. 그러나 농경사회의 붕괴와 다양성이 존재하는 도시사회의 발전으로 마을공동체가 붕괴되면서 이웃에 누가 사는지, 어떤 아픔과 어려움이 있는지, 무슨 고민을 하고 있는지 도무지 알 길이 없고 알려주지도 않고, 알려고 하지도 않는 사회가 도시사회의 미덕과 상식처럼 되어버렸다. 현재는 우리 옆집에 누가 사는지 모를 정도로 각박해졌다. 커뮤니티 레스토랑은 우리가 잃어버린 공동체를 복원하여 재생할 수 있으며 서로가 편의를 도모할 수 있는 계기가 될 수 있고, 장소로서 거점이 될 수 있는 공간이라고 생각한다.

지역사회에서 낡아 사용하지 않게 된 공간, 폐업하여 누구도 관심을 가지지 않는 공간, 건물이 오래되어 입주자가 없어 방치된 공간, 뜻있는 사람이 내어준 공간 등이 퇴직한 마을 사람들의 손에 의해, 또는 공동체의 지원에 의해 재탄생되고, 거기에 마을 사람들이 모여서 우리 마을, 서로의 고민과 아픔에 대하여 이야기하면서 서로 마음을 보듬어 안고 눈물 흘리며 치유되고 위로받아 더불어 살아가는 공간으로서 커뮤니티 레스토랑이 존재했으면 좋겠다.

　역자는 이러한 사회와 공동체를 꿈꾸며 이 책을 번역하였다. 번역이라는 것은 저자의 의도를 모두 완벽하게 전달하기 어려운 것이지만 그래도 최선을 다하여 저자의 의도대로 번역하려고 노력하였다. 번역에는 조명아 양도 힘을 합하여 공동번역이 되었다. 이 책이 지역사회 공동체의 복원과 재생에 디딤돌이 되기를 소원한다.

조추용·조명아 드림

마을공동체와 **사회적 경제 살리기**

식사　　음료　　디저트　　술

1

커뮤니티 레스토랑이란 무엇인가?

커뮤니티 레스토랑:
함께하는 식탁의 확장과 그 가능성

커뮤니티 레스토랑 서포트센터 전국대표
(특정비영리활동법인) NPO연수·정보센터 대표이사
전 가나자와(金澤)대학 대학원 교수

세코 카즈호(世古一穗)

1. 사람들이 모이고 교류하는 곳

'커뮤니티 레스토랑'은 '음식'을 중심으로 만들어진 커뮤니티를 지원하기 위해 1998년에 출범한 NPO의 창업 모델로, '맛있게 먹고 즐겁게 일하는 휴식의 장'을 표방하고 있다.

커뮤니티 레스토랑은 안전하고 안심할 수 있는 식사를 제공하는 것이 핵심이며, 이를 위해 다양한 사람들이 모여서 교류하고 있다. 필자가 10년 전에 아이디어를 내어 시작되었고, 이후 전국적으로 확산되어 현재는 150곳 정도 된다.

음식의 제공에 대해서는 '지산지소(地産地消, 그 지역 (고장)에서 생산된 것을 그 지역에서 소비하는 것, 로컬푸드)', '순산순식(旬産旬食, 그 계절에 생산한 것을 그 계절에 먹는 것, 계절음식)', '친환경 요리'를 기본으로 삼고 있다.

음식을 중심에 놓고 보면 다양한 사회문제가 보인다. 예전에는 아이가 혼자 빈집을 지키고 있거나 노인이 홀로 생활하고 있을 경우, 이웃 사람들이 신경을 쓰거나 돌봐주었

커뮤니티 레스토랑의 식사와 조리의 사고방식

- 지산지소(地産地消, 신토불이)
- 순산순식(旬産旬食)
- 일물전체(一物全体)

친환경 요리
슬로푸드

다. 다른 지역에서 온 사람이 있으면 생활에 필요한 정보나 싸고 맛있는 가게의 위치를 알려주곤 했다.

한때 어디서나 보였던 이런 풍경은 어느새 사라져 버렸다. 커뮤니티 레스토랑이 지향하는 것은 이러한 커뮤니티의 재생이라 할 수 있다.

식생활에 있어서 동양은 예로부터 '의식동원(醫食同源)[1]', '신토불이(身土不二)[2]', '지산지소', '순산순식'을 당연하게 생각해 왔다. 지금은 이러한 '당연한 일'이 굉장히 사치스러운 것이 되어버렸다. 커뮤니티 레스토랑은 이 '당연한 일'을 지역에

---

1) 의식동원은 약을 먹는 것도 음식을 먹는 것도 그 근원은 동일한 것이라는 뜻이다. 몸이 기뻐하는 식사를 하면 자연스럽게 몸도 건강해진다(역자 주).

2) 신토불이는 몸과 땅은 둘이 아니고 하나라는 뜻으로, 자기가 사는 땅에서 산출한 농산물이라야 체질에 잘 맞음을 이르는 말이다(역자 주).

서 실천하기 위해 만들어졌다.

2. 지역 과제를 해결할 수 있는 장

'안전하고 안심할 수 있는 음식의 제공', '지역의 농업이나 어업 종사자와의 협동'을 기본으로 지역 주민들의 다양한 요구에 부응하기 위해 노력하고 있다. 여성이 지역에서 안심하고 일할 수 있는 장소 만들기, 장애인이 일할 수 있는

커뮤니티 레스토랑의 다섯 가지 실천 기능

① 지산지소를 진행합니다.
   생산자의 얼굴이 보이는 식재료를 활용·지역 식문화의 재발견과 계승·계절 식재료를 우선하여 사용
② 건강 만들기를 응원합니다.
   식생활교육의 장·안심하고 먹을 수 있는 안전한 식사 제공
③ 지역의 식탁·지역의 거실을 목표로 합니다.
   공식(共食)의 장소·지역 과제의 해결 장소
   (식사를 통한 자녀양육의 지원, 고령자·장애인의 자립지원 등)
④ 누구라도 안심하고 이용할 수 있습니다.
   배리어프리(barrier-free), 유니버설 디자인(universal design, 보편적 설계)을 기본으로 하여 혼자라도 가볍게 이용
⑤ 순환형 마을 만들기를 추진합니다.
   친환경요리의 실천·식재료를 통째로 사용·지역자원을 활용

장소 만들기, 등교거부 아이들의 출구 만들기, 노인들의 모임장소 만들기, 순환형 사회의 거점 만들기, 복지취업과 사회취업의 중간형인 'NPO 취업모델 만들기' 등의 다양한 테마를 가진 커뮤니티 레스토랑이 퍼져나가고 있다.

커뮤니티 레스토랑은 '함께하는 식사(共食)의 장소'를 제공하는 것을 소중하게 생각한다. 커뮤니티 레스토랑에 오는 사람들은 직원이나 동석한 낯선 상대와 대화하면서 다양한 정보를 교환한다. 커뮤니티 레스토랑에서의 인간관계는 단순히 만드는 사람과 먹는 사람의 관계가 아니라, 지역사회를 만드는 동등한 관계를 지향하고 있다. 오늘의 손님이 내일은 요리사가 되고, 모레는 자원봉사자가 되어 음식을 나르는 모습도 쉽게 볼 수 있다.

3. 커뮤니티 레스토랑의 다섯 가지 기능

커뮤니티 레스토랑은 '장애 여부와 상관없이 지역에 살면서 생존하고 자립하기 위한 또 하나의 〈일의 장〉 만들기', '커뮤니티 비즈니스로서 NPO의 창업', '복지취업과 사회취업 중간형인 〈NPO 취업모델 만들기〉' 등을 목표로 해왔다. 커뮤니티 레스토랑의 기능은 다음과 같이 다섯 가지로 정리할 수 있다.

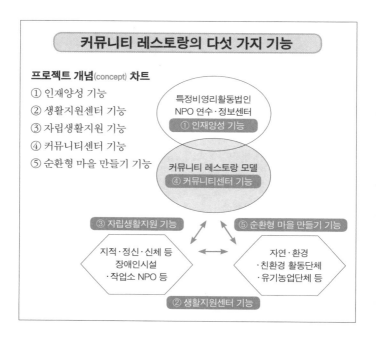

커뮤니티 레스토랑의 다섯 가지 기능

프로젝트 개념(concept) **차트**
① 인재양성 기능
② 생활지원센터 기능
③ 자립생활지원 기능
④ 커뮤니티센터 기능
⑤ 순환형 마을 만들기 기능

특정비영리활동법인
NPO 연수 · 정보센터
① 인재양성 기능

커뮤니티 레스토랑 모델
④ 커뮤니티센터 기능

③ 자립생활지원 기능   ⑤ 순환형 마을 만들기 기능

지적 · 정신 · 신체 등
장애인시설
· 작업소 NPO 등

자연 · 환경
· 친환경 활동단체
· 유기농업단체 등

② 생활지원센터 기능

① 인재양성 기능
② 생활지원센터 기능
③ 자립생활지원 기능
④ 커뮤니티센터 기능
⑤ 식생활 교육 또는 순환형 마을 만들기 기능

여성의 자립지원 및 취업 약자의 새로운 작업환경 만들기
로부터 시작된 커뮤니티 레스토랑은 많은 사람들의 공감을

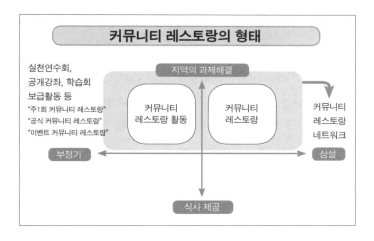

커뮤니티 레스토랑의 형태

실천연수회,
공개강좌, 학습회
보급활동 등
"주1회 커뮤니티 레스토랑"
"공식 커뮤니티 레스토랑"
"이벤트 커뮤니티 레스토랑"

지역의 과제해결

커뮤니티
레스토랑 활동

커뮤니티
레스토랑

커뮤니티
레스토랑
네트워크

부정기

상설

식사 제공

불러일으켰다. 그리하여 커뮤니티를 임파워먼트[3]하는 NPO의 구체적인 사업 형태로서, 지역 농업인, 안전한 식품을 제공하는 지역 민간기업, 소비자, 행정기관이 함께 만들어가는 NPO 기업 모델로 확산되고 있다.

4. 커뮤니티 레스토랑의 운영 방침

새로운 마을 만들기 및 지역 만들기, 자율적인 지역경제 활동의 참신한 사회운동 방식으로 커뮤니티 비즈니스가 주목 받고 있다. 커뮤니티 비즈니스는 지역·마을 만들기에 큰

---

3) 임파워먼트(empowerment)란 의사결정 혹은 집행과정에서 조직구성원에게 부여되는 재량권과 책임의 배분, 그리고 정보공유 등을 통한 권한의 배분을 의미한다(역자 주).

역할을 하고 있다. 커뮤니티 비즈니스를 기존 경제활동의 연장으로 생각하거나 틈새시장으로 파악하는 시각도 많은 것이 현실이나, 비즈니스적인 관점이 아니라 지역사회의 관점으로 생각하는 것이 중요하다. 커뮤니티 비즈니스를 통하여 단절되고 꽉 막힌 사회를 소통하게 하고, 지역 커뮤니티를 창조하거나 재생시키는 것이 이 사업의 근본 목적이라고 생각한다.

'음식'을 중심으로 하는 공공의 '식탁'을 통해서 이것을 달성하는 것이 커뮤니티 레스토랑의 의미다. 그러나 커뮤니티 레스토랑의 운영 방식도 '커뮤니티 레스토랑에서의 식사'를 기반으로 하는지, 아니면 '커뮤니티 레스토랑에서의 자원봉사'를 기반으로 하는지에 따라 크게 달라진다.

'커뮤니티 레스토랑에서의 식사'에는 집세도 인건비도 필요하다. 한 끼에 900엔에서 1,000엔으로, 예를 들어 주방 스태프 1명과 서빙 스태프 1명이 총 20석에서 80%가 채워진 식당에서 일한다고 하자. 그렇다면 하루 동안 테이블 회전율이 점심식사 두 번, 저녁식사 두 번 정도는 돌아야 한다.

자원봉사 기반으로 한다면 지역 인재 중에서 요리를 잘하는 사람은 주방에서 요리를, 계산을 잘하는 사람은 계산대를, 친절하고 넉살 좋은 사람은 손님 맞이를 담당하는 등 각자 자신 있는 분야를 잘 활용하여 운영하면 된다. 재료비와 월세가 나올 정도로도 괜찮다면 한 끼 300엔에서 500엔 정도 하는 점심식사만으로도 운영할 수 있다.

덧붙여서 일반 음식점의 원가율은 25% 이하다. 그러나 커뮤니티 레스토랑은 재료도 로컬푸드를 이용하며, 조미료까지 포함하여 안전하고 안심할 수 있는 좋은 재료를 사용하기 때문에 원가율은 30%를 넘는다. 그러나 안전하고 안심할 수 있는 맛있는 식사를 제공한다는 점에서 양보할 수 없는 기준선이다.

5. 커뮤니티 레스토랑에 필요한 인력

필자가 대표이사를 맡고 있는 특정 NPO연수·정보센터는 지역 자립의 NPO기업모델로 커뮤니티 레스토랑을 출점하고 운영해나갈 "협동 코디네이터"를 양성해왔다. 커뮤니티 레스토랑은 "음식"을 키워드로 사람들이 모이는 소중한 공간이다. 사람과 사람이 서로 지지하고 자신의 역할을 해나가는 '새로운 공공'을 앞장서서 실천해 왔다고 자부한다.

커뮤니티 레스토랑에 필요한 인력은 요리를 잘하는 사람이다. 그러나 더 중요한 인력은 지역의 농수산 관련 생산자나 행정 및 복지 관련 시설, 반상회, 자치회 등과 협력할 수 있는 "협동 코디네이터"다. 지금까지 12년간 추진해 온 협동 코디네이터 양성 강좌를 수강한 사람은 약 3,000명이다. 이들 중에서 커뮤니티 레스토랑을 실천하는 사람들이 많아졌다.

커뮤니티 레스토랑 프로젝트는 이제 파종시기를 마치고 성장, 성숙의 시기로 접어들었다. 앞으로는 각 지역에서 커뮤니티 레스토랑을 시작한 사람들을 NPO가 지지하고 협동할 수 있는 네트워크를 반드시 구축해야 한다.

6. 커뮤니티 레스토랑 지원센터
= 중간 지원조직 만들기와 향후 과제

커뮤니티 레스토랑은 특히 홋카이도에서 급증하고 있다. 커뮤니티 레스토랑 만들기를 지원하는 중간 지원조직인 '커뮤니티 레스토랑 네트워크 홋카이도(대표 이토 키쿠코)'의 힘이 크다. 2012년에 개최된 커뮤니티 레스토랑 전국 포럼(후쿠이현 사바에시에서 개최)에서는 '커뮤니티 레스토랑 네트워크 전국'이라는 명칭을 '커뮤니티 레스토랑 지원센터 전국'으로 변경했다.

동시에 홋카이도, 큐슈, 시코쿠, 사이타마, 교토 등의 거점 커뮤니티 레스토랑에 '커뮤니티 레스토랑 지원센터 전국' 기능을 전수받아 커뮤니티 레스토랑을 각지에서 오픈할 수 있는 지원체제를 만들기로 하였다. 각 지역의 '커뮤니티 레스토랑 지원센터'는 자립을 전제로 느슨하면서 유기적인 네트워크로 연결된 전국적인 중간 지원조직이다.

2018년부터는 각지의 커뮤니티 레스토랑 지원센터를 중심으로, 커뮤니티 레스토랑을 개설하고자 하는 사람들을 지원하고 커뮤니티 레스토랑 개설 계기를 심어주는 포럼 등을 각 지역에서 전개해 나갔다. 전국의 지역마다 '커뮤니티 레

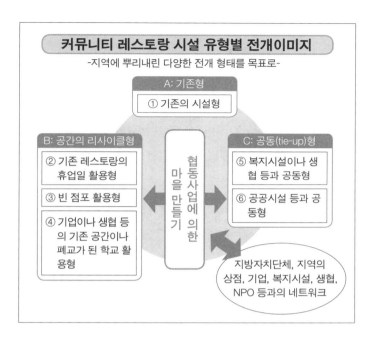

커뮤니티 레스토랑 시설 유형별 전개이미지

-지역에 뿌리내린 다양한 전개 형태를 목표로-

A: 기존형
① 기존의 시설형

B: 공간의 리사이클형
② 기존 레스토랑의 휴업일 활용형
③ 빈 점포 활용형
④ 기업이나 생협 등의 기존 공간이나 폐교가 된 학교 활용형

협동사업에 의한 마을 만들기

C: 공동(tie-up)형
⑤ 복지시설이나 생협 등과 공동형
⑥ 공공시설 등과 공동형

지방자치단체, 지역의 상점, 기업, 복지시설, 생협, NPO 등과의 네트워크

스토랑 지원센터'를 만들어 나가는 것이 향후 과제이다.

커뮤니티 레스토랑은 누구나 걸어서 오갈 수 있는 거리여야 한다. 초등학교 단위로 이루어진 학구 내에 한 곳이라도 커뮤니티 레스토랑을 열기 위한 시스템을 구축하기 위해 노력하고 있다.

행복한 공동창조사회 만들기

현재 빈부격차는 개발도상국뿐만 아니라 일본 등 선진국의 문제이기도 하다. 엘리트 계층은 더욱더 부유해지고 있지만 실업, 노숙자, 빈곤의 증가로 인해 사회적 불평등이 확대되고 있다. 또한 여성혐오와 인종차별에 의해 저임금·불안정 노동이 고정화되고, 그것이 사회 전체에 파급되어 생명의 근원인 '음식'의 붕괴로까지 이어지고 있다.

일본에서는 고이즈미(小泉純一郎) 전 총리가 이른바 '구조개혁'을 주장했다. 이에 따라 시장원리와 경쟁원리가 철저하게 도입되었다. 그 결과로 산업이 공동화(空洞化)되어 실업자가 유례없는 규모로 증가하고 있다. 공공서비스의 민영화, 공공사회지출의 삭감으로 인해 사회보장이 감소하고, 지역과 농업 또한 참담하게 버려지게 되었다. 시민들은 신자유주의적 세계화를 불가피한 흐름으로 받아들였지만 이제 그 모순이 서서히 드러나고 있다.

커뮤니티 레스토랑은 시민들의 자발적인 대안 제시와 실천의 장소이기도 하다. 미국형의 자유주의 경쟁사회와 북유럽형의 사회평등을 지향하고자 하는 것이 아니라, 아시아나 일본이 과거에 가지고 있었던 '연결'이나 '공유'라는 공동형 사회를 시민의 힘으로 회복시키고 싶은 것이다.

'커뮤니티 레스토랑'을 통해서 '행복한 공동창조사회'를 만들어 가고 싶다.

2

커뮤니티 레스토랑
모델을 소개합니다

웃는 얼굴과
웃음소리가 가득한
요이치 테라스
- 이토 키쿠코

커뮤니티 레스토랑과의 만남

제가 커뮤니티 레스토랑에 대해 알게 된 건 2001년에 특정비영리활동법인 NPO연수·정보센터(대표이사 세코 카즈호)가 주최한 "협동코디네이터 양성강좌"를 수강했을 때였습니다. 강좌 중에서 센터가 주최하는 커뮤니티 레스토랑 프로젝트를 알고 눈앞이 확 트이는 느낌이었습니다. 이런 식으로 내가 원하는 사회를 구축해 나갈 수 있을까? 재미있겠다! 라고 생각하며 몹시 공감했습니다. 저 자신도 꼭 커뮤니티 레스토랑을 실천하고 싶고, 더 많은 사람들에게 커뮤니티 레스토랑을 알리고 싶은 마음에 뜻이 맞는 동료들과 함께 2003년 "홋카이도 커뮤니티 레스토랑 연구회"(2009년 "커뮤니티 레스토랑 네트워크"로 명칭 변경)를 설립하였습니다. 이후 커뮤니티 레스토랑 실천에 임하는 한편, 특정비영리활동법인 NPO연수·정보센터와 연계해가면서 홋카이도에서 커뮤니티 레스토랑 공개강좌를 개최하고, 커뮤니티 레스토랑의 보급·계발에 노력해왔습니다.

커뮤니티 레스토랑 첫 번째 실천

들꽃(삿포로시)

2003년 6월 제가 살고 있는 삿포로시 토요히라구 니시오카 주택가에서, 생활클럽생협의 공동구매 활동을 통해 알게 된 15명의 동료와 임의단체를 만들어 "들꽃"을 오픈했습니다. 멤버 중 하나가 자신이 운영하는 식품점의 절반을 개조하여 점포를 제공해주었습니다.

회원은 1인 당 3만 엔을 출자하고, 더 필요한 게 있으면 서로 챙겨오기로 한 뒤 보건소에서 카페 영업허가를 발급받아 가게를 개설하였습니다. 각 회원마다 무리하지 않는 선에서 매일 번갈아가며 가게를 맡았고, 나오지 않는 회원도 회계·홍보 등 각자 자신 있는 특기로 가게 운영에 참여할 수 있도록 노력하였습니다.

제공하는 메뉴는 커피 등 음료, 우동과 주먹밥 등과 같은 식사류였습니다. 본래 협동구매운동을 통해 알게 된 동료들이었기 때문에 조미료가 들어가지 않는 재료, 무농약·저농약 유기재배 재료, 유전자조작(GMO)이 아닌 재료 등을 고집했습니다.

작은 커뮤니티 레스토랑이었지만 정말 많은 것을 배웠습니다. 여러 사람과 하나의 사업을 시작하여 서로 합의하고 새로운 규칙을 형성해가며, 실천과 지속의 어려움을 극복해 왔습니다. 동시에 많은 사람들이 함께하는 사업의 가능성, 커뮤니티 레스토랑의 미래 가능성과 필요성 등을 배울 수 있었습니다.

자원봉사활동이었지만 2007년 10월까지 들꽃 운영에 참여했었습니다. 들꽃은 제가 탈퇴한 후에도 약 10년 동안 계속되었습니다.

커뮤니티 레스토랑 두 번째 실천

요이치 테라스(요이치쵸)

저에게 있어서 두 번째 커뮤니티 레스토랑인 "요이치 테라스"는 2008년 2월 말에 오픈했습니다. 요이치 테라스가 있는 요이치쵸는 제가 나고 자란 마을입니다. 열여덟 살에 삿포로로 이사온 이후 35년 동안 계속 삿포로에서 살았습니다. 삿포로에서의 생활은 꽤 안정되고 편안했습니다.

그렇지만 계속 요이치쵸에 살아갈 제 부모님, 남편의 은퇴 후 인생, 그리고 제 삶의 흔적이 될 커뮤니티 레스토랑을 생각하며, 인구 280만 명의 삿포로시에서 인구 2만여 명(2018년 기준 1만 8,000명)의 요이치쵸로 이사하여 커뮤니티 레스토랑을 실현하기로 정했습니다.

커뮤니티 레스토랑의 점포는 다양하지만 "요이치 테라스"

의 점포는 자기부담 형식으로 운영되었습니다. 남편과 저의 마지막 생가라는 의미에서, 남편의 퇴직금과 둘이서 저축한 돈으로 토지 구입대금과 점포건설자금 등 개점 비용을 충당했습니다. 운영은 남편의 개인사업 형태로 했습니다.

매장은 2층 건물이었는데, 1층은 음식점으로 사용하고 2층은 4개의 객실로 B&B(Bed & Breakfast의 약자)라는 숙박 및 아침 식사만을 제공하는 민박을 하기로 했습니다.

첫 번째 커뮤니티 레스토랑을 운영할 때는 좋은 식재료를 사용하여 요리를 제공했기 때문에 원가가 올라갔습니다. 그래서 경영에 상당한 어려움을 겪었습니다. 저는 그 점을 보완하는 사업이 필요하다고 생각하여, 숙박업도 함께 운영하기로 결정했습니다.

활기찬 가게 만들기, 지역 만들기를 목표로

저도 남편도 개점 초기에는 익숙하지 않은 것이 많아 매일이 정신없었지만 점차 가게 운영에 익숙해졌습니다. 가게를 도와주는 직원도 생겼습니다. 단골손님도 점점 많이 생기면서 시간이 흐를수록 요이치 테라스는 지역 속으로 스며들어 갔습니다. 요이치 테라스를 방문하는 사람들의 연령층은 어린이부터 노인까지 다양합니다. 남편이 카운터를 맡고 있기 때문에 남자 단골손님도 많고, 요이치쵸에 이사 온 사람이나 다른 지역에서 방문해주신 손님도 많습니다. 모두 식사와 차는 물론이고 저나 직원, 손님들끼리도 즐겁게 대

화하는 등 행복하게 요이치 테라스를 이용해주고 있습니다.

가게에는 이벤트의 전단지를 전시·게시해 두는 공간을 마련해 지역에서 개최되는 다양한 행사정보를 손님들에게 제공하며, 관광으로 요이치쵸를 방문한 사람에게도 지역주민이 아니면 알 수 없는 관광정보를 제공하고 있습니다.

또한 지역 내 사람과 사람을 연결시키고 지역에 활기를 불러일으키기 위하여 다양한 이벤트를 기획해 왔습니다. 지역 뮤지션들에 의한 재즈와 클래식 라이브, 요이치쵸의 다양한 업종과 섹터(NPO, 기업)의 사람들이 모여 개최하는 마켓, 비정기적으로 오픈하는 선술집, 현지인들이 솜씨를 발휘하는 일일요리사(one-day chef) 런치, 간식 만들기 교실, 사찰요리교실, 된장 만들기 강습회, 라이브카페 등도 개최했습니다. 준비는 힘들지만 개최할 때마다 사람과 사람 사이의 연결고리가 넓어져 가는 느낌을 받았습니다. 2011년 동일본 대지진과 후쿠시마 원전사고 이후에는 이재민에 대한 자선콘서트, 모금활동, 원전 관련 영화감상회·사진전 등도 개최하였습니다.

순환형 사회를 만들기 위한 노력

요이치쵸는 인구가 1만 8,000명이고 농업·어업이 주요 산업인 마을입니다. 그래서 농업에 종사하고 있는 사람들과 직접 얼굴을 맞댈 수 있는 기회가 많습니다. 그분들과 대화를 나누면서 나는 일본의 농업이 큰 과제에 직면하고 있는 현실을 알게 되었습니다. 다량의 농약·화학비료·제초제 등의 사용으로 의한 농지와 농작물의 오염, 건강피해, 농약을 사용할 수밖에 없는 농산물 유통구조, 거액의 빚, 후계자 부족, 휴경지 증가 등, 지역사회에는 너무 큰 과제이지만 대처할 수 있는 부분부터 출발하고 싶었기 때문에, 우선 저 자신이 납득할 만한 식재료부터 선정하기 시작했습니다.

요이치 테라스에서는 현지에서 유기농·무농약으로 채소를 재배하는 농부와, 방목사육한 양계장에서 계란을 생산하는 농가로부터 직접 채소와 계란을 구입하고 있습니다. ○○씨의 쌀, □□씨의 사과와 같이 얼굴이 보이는 생산자와의 관계를 소중히 하고 있습니다. 그렇기에 요이치 테라스의 로컬푸드 수준은 꽤 높습니다.

조미료도 첨가물이 들어가지 않는 것을 선택하여 사용하고 있습니다. 제철 식재료를 살린 요리를 제공하기 위해, 메뉴는 제철 식재료를 사용한 당일 런치뿐입니다. 매일 바뀌는 런치 메뉴는 가게 실정에 따라 작성하였기에, 저와 직원들이 서로 다양한 지혜를 짜내면서 선정합니다.

선정된 메뉴는 기본적으로 가정에서 할 수 있는 요리이며, 식당을 이용하는 손님들에게 레시피를 제공하고 있습니다. 더불어 식당에서 사용하는 채소, 계란, 쌀, 과일 등을 판매하고, 많은 사람들에게 유기농·무농약 채소와 방목사육 계란의 좋은 점을 홍보하고 있습니다.

채소는 껍질을 까지 않고 통째로 사용하는 등 음식물쓰레기가 최대한 나오지 않는 조리방법으로 노력하고 있습니다. 어쩔 수 없이 나오는 음식물쓰레기는 방목 사육 닭의 사료나 퇴비로 사용하고 있습니다.

지역의 수질환경을 보호하기 위해 설거지는 친환경 비누로 합니다. 친환경 비누의 장점을 많은 사람들에게 알리기 위해서 그 비누 또한 판매하고 있습니다. 비록 작은 노력이지만 순환형 사회의 실현을 목표로 최선을 다하고 있습니다.

남편의 병

요이치 테라스를 시작한지 5년이 지난 2013년 1월, 상점의 운영에 익숙해지고 지역에도 안정적으로 뿌리내렸다고 생각하던 참에 예기치 못한 사건이 일어났습니다. 남편이 병에 걸린 것입니다. 그때까지 건강하게 가게를 지지해준 남편이었는데 갑작스럽게 암을 선고받은 터라, 남편과 저는 물론이고 직원들과 손님들에게도 이는 큰 충격이었습니다. 앞으로 어떻게 할까 진지하게 고민했습니다. 결론은 영업일을 하루 줄이고, 무리하지 않는 선에서 가게를 계속 운영하는 것이었습니다.

다행히 약이 효과가 있었고, 남편의 병은 안정상태가 되어 가게 영업을 계속할 수 있었습니다. 가게 일을 하면 남편도 자신의 병을 잊고, 기분전환을 할 수 있었습니다. 커뮤니티 레스토랑을 해서 다행이라고 마음속으로 깊이 생각했습

니다.

하지만 이후 남편의 암이 뼈까지 전이되었습니다. 그래서 영업일을 더 줄여서 주 3일 가게로 이어나갔습니다. 암을 선고받고 3년 4개월 동안, 남편은 약으로 통증을 참아가며 죽기 1주일 전에도 카운터에 서서 커피를 내렸습니다. 요이치 테라스는 남편에게 마지막까지 삶의 목적과 역할을 제공해준 것입니다.

남편이 떠나고…

2016년 5월 남편이 사망했습니다. 나는 앞으로 어떻게 하면 좋을지를 생각하다 지쳐버려, 요이치 테라스를 잠시 휴업하기로 했습니다. 하지만 완전히 휴업한 게 아니라 남편이 사망하기 전에 예정되어 있던 이벤트(현지 회원들의 클래식 콘서트, 산채 요리회, 기모노 리폼 전시)와 매월 1회 그림편지교실, 매월 2회 아이들 학습지원 활동시간을 위해 가게를 열고, 남편을 그리워하면서 식사를 하고자 하는 손님을 위해 요리도 만들었습니다. 공정무역에 관한 영화감상회 개최도 접수받고, 단골손님의 숙박도 때때로 예약받았습니다.

남편이 없어서 슬픔이 더해지는 나날이었지만, 일을 하고 있는 동안은 슬픔을 잊을 수 있었습니다. 그리고 남편이 사망하고 반년 정도 지난 12월, 나는 가게를 재개하기로 마음먹었습니다. 고령의 부모를 돌보는 일도 무리 없을 정도가 되어 남편이 사망하기 전과 마찬가지로 주 3회 영업형태로 이어나갔습니다. 지금까지 도와준 직원이 함께해주었고, 단골손님들도 다시 방문해주었습니다. 남편이 담당했던 음료 준비, 청소 등으로 인해 더욱 분주해졌습니다만 어떻게든 해낼 수 있었습니다.

후계자를 만들기 위한 노력

주 3일 영업이었지만 휴무일에는 부모님을 돌보느라 전보다 더 바빠졌습니다. 부모님이 노쇠해지셨기 때문입니다. 어머니는 치매가 진행되어 아버지를 돌보는 것이 어려워졌습니다. 그래서 그룹홈에 입주시켰습니다. 아버지는 독거노인이 되어서 홀로 집안일을 했습니다. 하지만 여전히 저의 손길이 필요했습니다.

한편 가게에서는 지금까지 남편이 담당해주었던 청소와 음료 준비, 정원 가꾸기도 제가 담당하게 되었습니다. 신경을 쓰고 노력했지만 문득 언제까지 이 상태로 가게를 계속할 수 있을지 불안해졌습니다. 저도 점점 나이를 먹어가고 있었기 때문에 혼자 가게를 계속하기에는 한계가 있다고 생각했습니다. 다만 남편이 애써서 남긴 이 가게를 이대로 닫는 것도 참을 수 없었습니다. 그래서 뭔가 수를 내야겠다고 생각이 들었습니다.

생전에, 남편은 자신이 늙어 가게를 계속할 수 없게 되면 우리와 동일한 가치관을 가지고 식당을 운영하고 싶어 하는 젊은 사람에게 저렴한 비용으로 빌려주거나 양도했으면 좋

겠다고 말한 적이 있었습니다. 저는 다양한 시나리오를 생각한 뒤, 저 대신 커뮤니티 레스토랑을 운영할 수 있는 젊은 인재를 길러보고 싶다고 생각했습니다.

하지만 그런 인재는 쉽게 찾을 수가 없었습니다. 저는 요이치쵸를 거점으로 활동하고 있는 "특정비영리활동법인 홋카이도 에코빌리지 추진 프로젝트"의 대표이사로서 친분이 있는 사카모토 준카(坂本純科) 씨에게 제 생각을 전하고 상의했습니다.

그녀에게 소개받은 것이 현재 요이치 테라스의 메인 스탭으로 일하고 있는 호시미 아야코(星見綾子) 씨입니다. 호시미 씨는 홋카이도 에코빌리지 추진 프로젝트의 회원으로 자원봉사 때문에 때때로 요이치로 오곤 했습니다. 나중에는 삿포로를 떠나 요이치로 이사를 와주기까지 했습니다. 처음에는 호시미 씨가 가게 운영에 익숙해질 수 있도록 제가 중심이 되어 운영해 나갔지만, 조금씩 호시미 씨 중심으로 바꾸어 나갔습니다.

그러다가 아버지가 병으로 입원하게 되었습니다. 아버지의 병간호로 인해 가게에 나갈 수 없게 되어, 저는 사실상 호시미 씨와 다른 직원에게 가게의 운영을 맡기기로 했습니다. 그녀가 없었다면 남편의 사망 후 오랜만에 재개한 가게를 다시 휴업해야 했을 겁니다.

가공 공장을 건설하는 것이 목표

호시미 씨는 제과 전문학교를 졸업하고, 제과점에서 일한 경험이 있는 제빵사입니다. 요이치 테라스의 점심이나 반찬뿐만 아니라 푸딩과 케이크 등의 과자를 만들기도 합니다. 또한 홋카이도 에코빌리지 추진 프로젝트에서 의뢰받은 이벤트용 과자와 과일 퓨레 등의 가공도 하기 때문에, 점점 지금의 부엌이 좁게 느껴지기 시작했습니다. 앞으로 어떻게 할까? 하고 여러 가지 생각을 하다가 가공 공장을 만들기로 결정했습니다.

가공 공장을 세우는 일은 저의 인생 최후의 투자라고 생각합니다. 요이치 지역은 농산물과 과일이 풍부한데도 과자와 같은 가공품이 없었기에, 저는 예전부터 요이치의 소재를 살린 가공품을 만들어보고 싶었습니다.

또 식생활교육의 일환으로, 어린이부터 어른까지 즐길 수 있는 요리교실이나 과자 만들기 교실도 해보고 싶다고 생각했었습니다. 다만 지금까지 남편과 부모를 돌보아야 했기 되었기 때문에 시작하지 못하고 있었습니다. 저도 점점 나이가 들고 있기 때문에, 지금이 마지막 기회라 생각하고 과감하게 가공 공장 설립에 착수했습니다.

요이치 테라스의 향후 전망에 대하여

2018년, 요이치 테라스는 개점 10주년을 맞이했습니다. 돌이켜보면 10년이 훌쩍 지나갔습니다. 그동안 참으로 많은 소중한 사람들과의 만남, 대화, 사연 등으로 가득한 10년이었다고 생각합니다. 감개무량할 따름입니다.

나는 그동안 커뮤니티 레스토랑의 보급·계발 활동에도 관여해 왔습니다. 하지만 커뮤니티 레스토랑을 알게 되었던 18년 전에는 음식 중심의 지역 만들기를 목표로 한 활동이 그다지 많지 않았습니다. 그러나 이 18년 동안 홋카이도에는 커뮤니티 레스토랑이 내세우는 기치에 공감하여, 다양한 커뮤니티 레스토랑이 탄생했습니다.

또한 커뮤니티 카페, 지역 식당, 어린이식당 등과 같이 커뮤니티 레스토랑와 비슷한 컨셉의 활동도 속속 탄생하고 있습니다. 장애를 가진 사람의 취업지원 시설로서의 음식점도 상당히 증가했습니다. 이처럼 커뮤니티 레스토랑은 시대의 요청에 맞추어 만들어진 것이라고 생각합니다.

커뮤니티 레스토랑을 둘러싼 사회 분위기도 18년 전과 많이 달라졌습니다. 저출산 고령화, 인구 감소, 경제 격차 등 커뮤니티 레스토랑이 해결해야 할 과제는 계속 늘어나고 있습니다.

앞으로의 일은 제대로 예측할 수 없습니다. 하지만, 저와 남편이 요이치 테라스를 운영하면서 일궈놓은 여러 사람과의 네트워크와 커뮤니티 레스토랑 운영에 대한 노하우를 다음 세대에 전할 수 있었으면 좋겠습니다.

요이치 테라스

- 주소: 〒046-0003 홋카이도 요이치군 요이치쵸 구로카와쵸 10쵸메 3-27(北海道余市郡余市町黒川町10丁目3-27)
- 전화 및 FAX: 0135-48-6455
- E-mail: yoichi-tera8@kkh.biglobe.ne.jp
- HP: http://comiresu-hokkaido.net
- 영업일: 토요일·일요일·월요일
- 영업시간: 11:00 ~ 17:00
- 대표자 및 운영 형태: 이토 키쿠코(伊藤規久子, 개인 경영)
- 식사의 특징과 가격: 현지에서 방목사육한 계란과 제철 유기농 무농약 채소 등을 사용한 일일 점심 식사를 800엔에 제공합니다.

이토 키쿠코(伊藤規久子)

홋카이도 요이치쵸 출생. 한때 사회보험 노무사, 영어회화 강사, 번역 등의 업무를 경험해 왔지만 커뮤니티 레스토랑을 알게 된 후부터는 이것이 천직이라고 생각하여 커뮤니티 레스토랑 한길만 걷고 있다. 취미는 노래 부르기. 요이치 혼성 합창단에 소속되어 소프라노로 활동하고 있다.

웃는 얼굴이
넘쳐나는
월요일
- 쿠도 히로후미

NPO법인을 설립하다

노인들의 거처가 되어주는 지역을 만들기 위해 탄생한 커뮤니티 레스토랑은 자원봉사자가 주체이기 때문에 요금이 저렴합니다. 동시에 지역민들이 음식과 함께 모여서 웃음꽃을 피우는 지역 교류의 장이기도 합니다.

'NPO법인 고깔모자의 집'은 "구시로(釧路)지역 장애노인을 지지하는 모임(민들레회)"에서 탄생한 법인입니다. 사업의 목적은 치매환자들에게 영리를 추구하는 민간사업자가 할 수 없는 양질의 돌봄서비스를 제공하는 것입니다. 이를 위해 지역민들은 본인들이 직접 운영하는 치매 그룹홈을 설립하고자 했습니다.

쿠도 씨는 본래 시청의 토목 엔지니어였습니다. 그러나 시청 내에 조직되어 있는 "마을 만들기 연구회" NPO법인에서 시행하고 있던 민들레회의 노인 돌봄 사업에서 셔틀버스 운전사로 자원봉사를 했던 것이 계기가 되었습니다.

한신대지진으로 인해 NPO법의 시행이 연기되고, 개호보험법이 사회에 널리 알려지면서 전국적으로 시민운동이 등장하게 되었습니다. 당시에 설립된 NPO법인의 60%가 개호보험 관련 조직이었던 것으로 기억합니다. 1998년 NPO연수·정보센터의 교육을 통해 NPO법인의 개념을 배웠고, 향후 사회의 움직임과 배경을 알게 되었습니다.

2000년 6월, NPO법인 '고깔모자의 집' 설립준비위원회가 세워졌고, 11월에 그 성립을 인정받았으며, 같은 해 7월에는

치매 그룹 설립 워크숍을 개최하였습니다.

복지관계자, 연구자, 건설업자, 공모시민, 치매 가족들과 함께 설립을 향해 활동하기 시작하였으며, 치매에 대한 인식을 개선하고 치매 가족이 치매를 숨기지 않도록 하기 위하여 일부러 시민 공모를 실시하였습니다. 5회의 공개 워크숍을 거쳐 건물의 1/50 모형도도 만들었습니다.

NPO법인으로서는 전국 최초로 후생노동성의 2,000만 엔 보조금(2002년)을 지원받았습니다. 구시로(釧路)시에서도 2,200만 엔의 보조금을 지원해주어 설립을 시작했고 이듬해에 운영에 들어갈 수 있었습니다.

그래도 230만 엔의 설립 자금이 부족했기 때문에 이를 해

소하고자 독립 영화감상회를 개최하였고, 그룹홈이 완성했을 때 구시로 시민에게 일주일 동안 공개했습니다. 공개 시에는 현장감을 위해서 구마모토에서 인형작가를 초빙하여 각 방에 노인 인형을 만들어서 배치하였습니다. 현재는 폐교된 가시와기(柏木)초등학교 4학년 학생들은 그룹홈 바로 앞에 정원 울타리용 나무를 심어주었습니다. 공교롭게도 담임교사의 부모님이 치매였다고 합니다. 이처럼 '고깔모자의 집'은 구시로 최초로 사업을 전개하여 치매주간보호사업과 개호보험사업을 진행해 나갔습니다.

그러나 NPO법인 명의로 민간사업자와 같은 일을 하는 것은 취지와 맞지 않다는 생각이 들었습니다. 그래서 '지역 만들기' 사업을 전개하면서 'NPO다움'을 유지하기 위한 새로운 방법을 모색하게 되었습니다.

지역 만들기 사업의 시작

2000년 여름 무렵부터 야요이(弥生)·미야모토(宮本)·우라미(浦見)지구의 독거노인으로 추정되는 가정을 방문하여 지역 노인들의 말벗을 해주었습니다. "오랜만에 젊은 사람과 말한다"고 3시간 동안 대화한 직원도 있었습니다. 이야기하는 게 기뻐서 좀처럼 놔주지 않았다고 합니다.

한편, 지역 노인들이 모여서 무엇인가 사업화를 하고 싶다는 제안이 있었습니다. 이에 법인 근처에 사는 독거노인에게 매월 1회 "지역 회식"을 기획하여, 쌀 1홉과 300엔만 부담하면 집 밖으로 나와 식사와 놀이를 즐길 수 있게 해드렸습니다. 과거 경험해본 적이 없는 미숙한 지역 만들기 사업이었지만 법인에 모이는 지역 노인들이 갈수록 늘어났으며, 독거노인들의 따분한 수다가 그들을 건강하고 활기차게 만들어준다고 느끼게 되었습니다. 당시 독거노인들은 왁자지껄 떠들썩하게 대화하면서 식사하는 즐거움을 체감했던 것입니다.

법인사무소는 개업의원이 이전한 1층(2층에 주거)을 무상으로 빌렸고, 화요일부터 금요일까지 주 4회 치매 전문 주간보호(구시로 최초)를 개업하였습니다. 2003년 가을, 법인에 동거하고 있던 '민들레회'가 이사를 가면서 월요일이 비게 되었습니다. 이대로라면 월요일도 주간보호를 할 수 있는 분위기였습니다.

어떻게든 새로운 사업을 전개할 수 없을까 고민한 끝에, 치매 카페를 열거나 지역주민들이 모이는 장소를 사업화할 수 있지 않을까 모색했습니다. 1996년에 세코 카즈호 씨와 견학한 커뮤니티 레스토랑의 모습도 약간 벤치마킹하였습니다.

커뮤니티 레스토랑을 개설하다

2003년 11월에 홋카이도에서 처음으로 커뮤니티 레스토랑 강좌가 열렸습니다. 당시 삿포로시에 거주하면서 이 강좌를 주최한 요이치쵸의 이토 키쿠코 씨와 만났습니다. 도내에서 처음으로 마음이 맞는 사람을 만난 덕분에 격려와 안정감을 갖게 되었습니다.

이 강좌를 계기로 이듬해 4월, 커뮤니티 레스토랑 개설에 동의했습니다. 그때는 아직 본업에 재직 중이었기 때문에 사업 현장에 있을 수 없었습니다. 이사회와 사무국 회의에서 기획을 설명했지만 좀처럼 동의를 얻을 수 없었습니다.

요리가 특기인 지역인재 S씨를 알고 있어서 서둘러 설득에 들어갔습니다. 개업 의사의 부인으로부터 지역에서 제빵 기술을 가진 인재가 있다는 정보를 들었습니다. 가족의 불행으로 상심하고 있던 그녀를 수차례 만나 설득해서 동의를 얻었습니다. 나중에 들은 이야기지만 본인 스스로도 은둔형 외톨이(히키코모리) 상태를 탈출하는 방법을 찾고 있었다고 합니다.

커뮤니티 레스토랑 운영 전문 이사 T씨를 배치하고 반년 정도 커뮤니티 레스토랑을 시행한 뒤, 그 시점에서 지속 여부를 평가하고, 부정적이면 중지하고자 했습니다.

주간보호사업을 운영하고 있었기 때문에 주방과 식기, 테이블과 의자가 있었습니다. 그래서 초기 투자가 그다지 필요하지 않았습니다. 이때는 어떻게 기획할 것인가, 가 가장 중요했습니다.

'지역식당'은 지역으로부터 선물 받은 이름

지역 주민들을 모아서 커뮤니티 레스토랑 설명회를 개최

했습니다. "지역 노인들을 위한 장소입니다. 레스토랑이기 때문에 먹는 것도 중요하지만 함께 모여서 이야기 나누는 것도 중요합니다. 여러분이 참여하는 지역 회식의 연장으로 생각해주세요. 식사의 메뉴와 재료 구입, 양념 등의 유통은 직원 S씨가 담당합니다. 사업의 책임자로서는 이사 T씨를 선정합니다. 지역의 여러분들은 재료 손질 및 음식 서빙, 그리고 설거지를 부탁드립니다."

설명을 들은 사람들이 "과거에 한 번도 일한 적이 없기 때문에 자신이 없다" "주문 등 복잡한 일은 무리라고 생각한다" 등의 질문을 했습니다.

그 질문에 대한 대답으로 "여러분이 항상 참여하는 지역 회식 같은 분위기로 충분합니다." "메뉴는 정식 단 하나이며, 라면이나 메밀국수 등의 주문은 없습니다." "매주 월요일에 개점하지만 여러분이 네 파트로 나누어지기 때문에 한 달에 한 번 자원봉사를 하는 셈입니다. 다른 주에는 친구와 함께 식사하러 오세요." "개점 시간은 11시부터 13시까지, 여러분은 9시부터 14시까지 부탁드립니다." 이러한 설명을 듣고 나서야 지역주민들은 할 수 있겠다고 대답하였습니다. 매우 기뻤던 동시에 안도했던 기억이 있습니다.

그 다음으로 커뮤니티 레스토랑의 명칭을 제안했습니다. 가타카나로 된 멋진 이름을 원했지만, 회원들이 지인들에게 식사 초대를 하기 쉽도록 '지역식당'이라는 쉬운 한자 이름으로 결정되었습니다.

최근 '지역식당·○○○○'라는 명칭이 늘어났습니다. 어느새 지역식당이 일반명사가 된 분위기를 느낄 수 있습니다. NPO법인 "고깔모자의 집"은 고유 명사이지만, 커뮤니티 레스토랑도 일본어로 번역하면 지역식당이기 때문에 굳이 고집할 필요가 없다고 생각합니다.

혼자 사는 노인들의 생활 실태

노인이 되면 외출도 귀찮아집니다. 집에만 있는 노인들은 하루 대화시간이 3분 미만이라고 합니다. 방문자는 반상회, 신문배달, 우편배달, 야쿠르트배달, 택배 등을 제외하면 거의 없습니다. TV와 대화를 해봐도 즐겁지 않습니다. 이런 상태가 오랫동안 지속되면 치매나 우울증에 걸리기 쉽습니다. 집에만 있는 노인들은 식사도 부실합니다. 이것은 노인에 국한된 것은 아니지만, 혼자서 식사하는 분들은 국 한 그릇과 반찬 한 가지만으로 식사를 하는 경우가 많습니다.

독거노인의 식사는 소품종 다량섭취가 많습니다. 이것은 영양사들에게 들은 것입니다. 식사의 불균형으로 인해서 건강이 망가지면 회복하는 데 시간이 걸립니다. 심신의 건강을 위해서는 다품종 소량섭취로 균형 잡힌 식사를 해야 합니다. 지역식당의 메뉴로는 흰 쌀밥을 최대한 피하고, 잡곡밥을 많이 제공하고 있습니다. 다섯 가지 식재료가 들어간다는 뜻의 오목밥(五目ご飯, 영양밥, 나물밥)에는 일곱 가지 이상의 재료가 들어갈 때도 있습니다. 아이들과 함께 온 젊은 엄마는 친정엄마의 집밥 같다며 즐거워했습니다. 자신이 만들어본 적 없는 메뉴의 요리법을 가르쳐 달라고 요청하기도 했습니다.

이전에 손님에게 설문조사를 한 적이 있었습니다만, 카레라이스가 호평을 받았습니다. 자세히 들어보면, 본인이 만들면 예상했던 것보다 많은 양을 만들어 처리하기 곤란할 때가 있다고 합니다. 다음 날에 먹는 카레라이스가 맛있다는 말도 있지만 나이가 들면 다릅니다. 또한 가정에서 만들어 먹기 어려운 디저트도 좋은 평가를 받았습니다.

개점 초기에는 한 끼에 300엔이었지만, 2015년에 개호보험법이 개정되어 수입이 줄어들었기 때문에 한 끼에 400엔으로 인상했습니다. 흑자를 보는 사업의 수익으로 지역식당의 손해를 보충하고 있었지만, 다른 사업에 폐를 끼치기 때문에 독립하기로 했습니다. 잠시 손님 수가 감소했던 적도 있었지만 지금은 거의 회복했습니다. 개호보험이 뜻밖의 모습으로 지역식당에 검은 그림자를 지게 했던 것입니다.

노인들의 거처를 만드는 것

실제 있었던 이야기인데요, 지역식당 직원이 입원했던 적이 있었습니다. 문병하러 갔더니 그 직원이 "지역식당 가고 싶어서 빨리 퇴원하고 싶다"고 말했습니다. 기뻤습니다. 지역식당이 식사하러 오는 사람뿐만 아니라 직원을 위한 장소도 될 수 있다는 것을 깨닫게 되었습니다.

지역식당은 다른 커뮤니티 레스토랑에 없는 코디네이터를 배치하고 있습니다. 코디네이터들은 혼자서 식당에 오는 사람들의 연결고리로서, 손님들과 대화를 하거나 다른 손님을 소개하면서 함께 어울리자고 합니다. 그래서 합석도 자주 합니다. 테이블 20석, 좌식 10석이라면 합석이 당연할지도 모릅니다. 코디네이터들과 손님들은 서로를 이름으로 부르는데, 이것은 마음의 거리가 가깝기 때문입니다. 이름을 부르는 것은 의외로 기쁜 일입니다.

개점하고 10년이 흐르자 기존 직원들도 나이가 많아졌습니다. 그러다 보니 지역식당에서 봉사활동을 계속할 수 없는 상태가 되었습니다. 병원에 가는 일이 많아지고 하반신이 약해지면 분주하게 일하기 어려운 법이니까요.

법인이 운영하는 '활기찬 노인의 거실 호가라관'에서 매주 수요일에 지역노인을 위한 "즐기는 모임"을 개최하고 있습니다. 지역식당은 식사를 하러 오는 사람을 위해 봉사하는 곳이지만, 즐기는 모임은 노인 자신들을 위한 모임입니다. 멤버도 한정되어 있으며 여유 있게 시간을 보냅니다.

후마네트(fumanet) 운동이 매월 1회 "호가라관"에서 개최됩니다. 후마네트 운동은 노인을 위한 운동으로, 바닥에 그려진 네트를 이용한 걷기 운동이며 홋카이도 구시로시에서 시작되었습니다. 사무실은 호가라관 근처에 있으며, 그 사무실의 직원도 지역식당에 나와서 자원봉사를 해주고 있습니다.

구시로시는 전국적으로 개호보험제도에서 포함되지 않은 요양등급 노인을 위한 새로운 서비스로 오탓샤 서비스[4]를 시작했습니다.

우리 법인은 이미 운영해 왔던 '즐기는 모임'과 마찬가지로 NPO법인입니다. 지역의 과제를 최초로 사업화시키고, 그것을 행정적으로 추구해 왔다는 측면에서 높이 평가받고 있다고 생각합니다. 마찬가지로 지역식당은 "마음을 돌보는 복지"라고 자부하고 있습니다. 개호보험사업자이지만 마음을 돌보는 복지를 실시하고 있습니다.

---

4) 지역주민, NPO법인, 민간개호서비스사업소 등이 주체가 되어 노인 자신이 가능하면 돌봄을 필요하지 않는 생활을 유지하도록 정기적으로 이용하는 서비스로, 2017년부터 실시되었다.

미디어에서 주목 받다

2004년 4월 개점한 커뮤니티 레스토랑 "지역식당"은 고령자들이 아늑하게 머무르고 교류할 수 있는 공간이 되었습니다. 매주 성황이다 보니 지역신문에도 자주 보도되었습니다. 전국 신문에도 소개되었고, NHK에서 방영되는 〈이웃의 저력〉을 통해 전국에 소개되었습니다. 연예인 가시와기 유키코(柏木由紀子) 씨가 방문해주기도 했습니다. 이러한 취재 열기에 우리 법인도 놀랐지만, 식사하러 오신 손님들이 더 놀란 것 같았습니다.

'어째서 이런 식당을 취재하러 오는 걸까'라고 생각했습니다. 특별할 것 없는 식당 같지만 모두가 씨앗을 뿌리고 결실을 맺기 위해 노력하는 곳이기 때문일까요? 지역식사 모임을 개최하고, 직원들이 손님이 되고, 자신이 참여한 지역식당에 친구를 데려올 수 있고, 자원봉사자들이 많기 때문에 요리가 저렴하고(초반 300엔, 현재 400엔), 가정에서 먹을 수 있는 메뉴가 아닌 행사음식 중심의 메뉴들이 많고, 합석하면 단골손님과 친구가 될 수 있는 일들이 바로 이러한 노력의 일환입니다.

식사를 둘러싼 주변의 환경

2018년 4월 2일에 지역식당 개설 15주년을 축하했습니다. 10주년 때와 같이 홍백만주 100개를 준비해서 손님들에게 무료로 선물했는데, 순식간에 동이 나고 말았습니다. 기뺐습니다. 신문 기사도 의뢰하고, 신규 손님도 유치하였으며, 자원봉사자들을 불러 모았습니다.

개점 초반에 자원봉사자의 나이는 70대 후반이 많았으며, 80대 중반도 있었습니다. 지금은 평균 60대 후반으로 이전보다 연령대가 훨씬 젊어졌습니다. 참고를 위한 사례연구를 위해서 멀리 대만과 중남미에서 10명 정도의 공무원들도 다녀갔습니다. 신문 보도도 많아져서 멀리서 시찰도 잇따랐습니다. 도내는 물론 남쪽 지방인 시코쿠(四国)에서도 와주었습니다.

일본 각지의 사정은 조금씩 다르지만, 음식을 둘러싼 환경은 유사하기 때문에 좋은 사례가 된 것 같습니다.

홋카이도는 선진 지역입니다

홋카이도의 커뮤니티 레스토랑은 연구회에서 네트워크 형식으로 옮겨져서 지금은 커뮤니티 레스토랑 지원센터를 목표로 활동하고 있습니다. 앞서 언급한 이토 씨와 쿠도 씨가 이인삼각으로 움직이고 있습니다. 커뮤니티 레스토랑 강좌에서는 홋카이도는 물론 에히메(愛媛)·고치(高知)·후쿠이(福井)·사이타마(埼玉)·이와테(岩手)·도쿄(東京) 등지를 방문해서 전국적인 움직임을 파악하고 있습니다.

또한 동일본 대지진 1년 후 센다이 NPO법인 커뮤니티 지원센터에 의뢰하여 이시노마키시의 임시주택에서 강좌를 실시했습니다. 자원봉사자가 직접 작업하는 단계에서, 간접적인 노하우를 지원하는 단계까지 왔다고 생각합니다.

홋카이도는 커뮤니티 레스토랑의 선진 지역답게 전국적으로 점포 수가 많고, 그 형태도 다양합니다. 특히 노보리베쓰의 "꿈꾸다(ゆめみる)"라는 점포는 반상회가 NPO법인을 취득한 희귀한 경우입니다. 노인뿐만 아니라 아이도 돌보고 있습니다. 슷쓰(寿都)의 '바람의 밥집'은 행정·지역·대학의 연계로 호평을 받았습니다. 나카톤베쓰쵸의 '황금탕'은 목욕탕과 식당을 병설하고 있으며, 그 지역만의 독특한 전개를 갖고 있습니다. 저희가 무카와쵸에서 커뮤니티 레스토랑에 대해 강의한 뒤에는 '숲속의 모리 카페·홋피'가 개설되었습니다.

구시로 시내의 오카와쵸에 있는 '카페 루프'는 법인이 개최한 강좌에서 탄생한 커뮤니티 레스토랑입니다. 요네마치의 대성사를 중심으로 '사찰식당'을 운영하고 있습니다. 신사나 절은 옛날부터 커뮤니티의 중심지였습니다. 언젠가는 커뮤니티 레스토랑이 초등학교의 숫자만큼 생기기를 기대하고 있습니다. 이밖에도 여러 지역의 커뮤니티 레스토랑이 각자의 자리에서 시행착오를 거치며 노력하고 있습니다.

2013년 3월에 "음식을 중심으로 한 지역재생"이라는 커뮤니티 레스토랑 운영 가이드북을 만들었습니다. 도내에서 약 30곳의 커뮤니티 레스토랑이 운영되고 있으며, 그 형태와 전개도 매년 다양해지고 있습니다. 홋카이도에서 커뮤니티 레스토랑을 시작한지 15년이 지났는데, 저희가 몰랐던 지역 레스토랑이 커뮤니티 레스토랑과 비슷하게 운영되는 경우도 있습니다. 비록 연대하지 않더라도 지역사회를 위한 과제 해결에 동참하고 사명을 공유한다면, 그 역시 동료라고 할 수 있습니다.

한편, 최근 보도에서 '아이들을 위한 식당'라는 이름을 듣는 횟수가 늘어났습니다. 빈곤아동과 미취학 아동은 커다란 사회문제이지만, '아이들 식당'으로 불리는 이 사업이 얼마나 큰 해결능력이 있는지는 미지수입니다. 밖에서 보면 과제에 정면으로 마주하고 있는 사업체는 적다는 생각이 듭니다. 이것을 다음 세대에게 넘겨줘야 하는지도 생각해볼 문제라고 봅니다.

앞으로 5년간은 지역식당을 계속하고 싶습니다. 사업모델을 확고히 한 다음에 스탭들을 세대교체하고 싶습니다. 그리하여 붕괴된 지역사회의 재건에 조금이라도 도움이 되고자 합니다.

커뮤니티 레스토랑 '지역식당'

- 주소: 〒085-0834 홋카이도 구시로시 야요이(北海道釧路市 弥生) 1-1-33
- 전화 및 FAX: 0154-41-6144
- E-mail: qjgcd518@ybb.ne.jp/youbunkudo-@i.softbank.jp
- 영업일: 매주 월요일 11시 ~ 13시
- 대표자: 쿠도 히로후미(工藤洋文)(090-1383-3887)
- 특징: 마제덮밥을 자주 만든다. 1인분 400엔
- 운영 형태: NPO법인의 사업, 자원봉사자 주체

쿠도 히로후미(工藤洋文)

1953년 출생. NPO법인 고깔모자의 집 대표 이사(연간 사업비: 7,000만 엔)

공저:『참여와 공동의 디자인(参加と共働のデザイン)』 강연, 강좌, 패널 경험 다수. 취미는 등산, 스키, 밴드, 카누이다.

연결하여
목소리를 내다,
행동하는
지역의 사랑방

- 다테자키 야요이

つながる・声をだす・行動する
GDS
がるだする

다시 생각해보면

커뮤니티 레스토랑 '지역의 사랑방'은 2008년에 시작되었으며, 올해 2018년에 활동한지 10년째가 됩니다. 운영하고 있는 곳은 환경운동과 마을 만들기 활동을 진행하는 'NPO 법인 가루다스루(2000년 발족)'입니다. '가루(がる)'는 '연결되다'라는 뜻이고, '다(だ)'는 '목소리를 내다'라는 의미이며, '스루(する)'는 '행동을 하다'라는 뜻입니다. 종합하면 "연결하여 목소리를 내다"가 됩니다. 이러한 뜻으로 '가루다스루'라고 이름 지었습니다.

대표 다테자키(舘崎) 씨는 '생활 속의 환경보호'를 주제로 홋카이도 남서쪽에 위치한 '도마코마이(苫小牧)의 자연을 지키는 모임'을 1997년에 시작한 후, 도마코마이에서 계속 시민활동을 하고 있었습니다. 가루다스루는 이 '지키는 모임'의 이념을 살려 실천하는 장소이기도 합니다.

이 활동의 원점은 1970년대에 다테자키 씨가 임신했을 때로 거슬러 올라갑니다. 자궁에 용종이 생겨 유산, 사산을 반복했기 때문에 괴로웠습니다. 호르몬 치료에 따른 부작용으로 이명, 현기증이 계속 일어났습니다. 그래서 다테자키 씨는 동양의학을 기반으로 한 자연 식이요법을 시작했습니다.

이전에는 시민활동과 인연이 없었지만, 이것이 계기가 되어 남편의 전근지였던 하보로쵸(羽幌町)에서 현미·채식, 무첨가·무농약 농산물의 공동구매를 지역 사람들과 시작했습니다. 그 이후, 현미를 끓여 시식회를 하거나 강사를 초빙하여 강연을 듣기도 했습니다. 내가 30대 초반의 일로 벌써 40년 전의 일입니다.

원자력 발전소의 사고와 방사능

잊혀지지도 않는 1986년 4월 26일에, 소련 체르노빌 원전 사고가 발생했습니다. 멀리 8,000㎞나 떨어진 일본에도 방사능이 날아오는 상황에 어찌할 바를 모르던 일이 인생을 바꾸었습니다. '안심하며 먹을 수 있는 안전한 식재료'를 원해도 대지가 방사능으로 오염되어 버려서 속수무책이었습니다. 당시 일본의 해안에는 34기의 원자력 발전소가 들어서 있었습니다. 핵전쟁이 없어도 방사능 위기가 언제 닥칠지 모른다는 것을 실감했습니다.

체르노빌 사고 후 도쿄의 지유사(地湧社)가 원전의 위험성을 알리기 위하여 특별 발행한 "아직 늦지 않았다면(1987년)"이라는 소책자를 읽은 뒤, 더 많은 사람들이 이 책을 읽기 바라는 마음으로 판매하기 시작했습니다. 책자의 표지 뒷면에는, "뭐라 말할 수 없는 슬픈 시대를 맞이한 것입니다. 자신의 아이에게, 가족에게, 극히 소량이라도 수십 년 후에는 반드시 그 효과가 나타나는 독을 매 끼마다 먹이는 어머니가 있을까요? 그런 허무맹랑하고 어리석은 짓을 지금 이 세상의 어머니들은 거의 모르거나, 알고도 어떻게 할 수도 없어서 저지르고 있습니다. 가능한 독이 적은 식재료를 골라서 가족을 위한 식탁을 준비해야 한다는 사실이 너무 답답

했고, 늘 죄책감에 시달려 왔습니다"라고 했습니다. 지금까지 계속 느껴오던 내 심경과 동일했습니다.

이후 원전 반대 운동을 하는 것은 물론이고 "도마코마이의 자연을 지키는 모임"을 출범시켰습니다. 그 다음부터 쓰레기 문제, 음식과 옷, 돈, 전쟁, 헌법에 이르기까지 식탁을 위협하는 여러 가지 과제를 테마로 강연회, 음악회, 낭독회, 영화감상회, 논밟기 등의 활동을 진행했습니다. 언론에 보도되지 않는 달이 없었을 정도였습니다. "열심히 움직이면 해결될 것"이라고 생각했었습니다.

'지역의 사랑방'이 탄생하다

어떤 활동을 하든 '음식은 생명'이라는 생각이 항상 있었습니다. 그리하여 '지역의 사랑방'을 시작하기에 이르렀습니다. "모두 함께 만들고, 먹고, 정리하는 것"이 목적이지만 각각의 사정을 감안하여 먹는 것에만 참가하는 사람도 있습니다. 매회 참가 인원은 15명 내외로 대부분이 단골입니다. 어린이를 데려오는 젊은 사람도 늘어났고, 정년퇴직한지 얼마 안 된 교장선생님이 정치 이야기를 하고 싶다는 고상한 목적으로 동료가 된 경우도 있습니다.

지역의 사랑방 "가루(がる)"는 지속가능한 식생활을 키워드로 잡고서 안전한 무농약 현미를 주식으로 하고, 무첨가 조미료와 지역의 계절 채소를 이용하고 있습니다. 주식으로 하는 발아현미는 저희가 직접 준비하고 있습니다. 효소는 숙성시킨 지 3일째부터 발아를 시작하기 때문에, 이 식당에서는 먹기 3일 전에 현미밥을 지어서 70℃에 저장하고 있습니다.

요리는 가능한 한 양념을 적게 하고, 재료의 영양가를 유지하면서 그 맛을 살릴 수 있는 음양의 조화 요리법을 사용하고 있습니다. 봄에는 산나물, 가을에는 밤과 복숭아를 채취하는 등, 계절의 선물을 수확하는 데 여념이 없습니다.

쓰레기와 환경문제도 의식하고 있습니다. 폐기물을 최대한 줄이기 위해 가능한 한 채소 껍질을 벗기지 않고 통째로 사용합니다. 또한 취사 에너지를 최소화하기 위해 보통 냄비, 전골냄비, 압력 냄비와 조리기구도 갖추고 있습니다.

점포 없이 한 달에 한 번씩, 지역 마을회관의 조리실에서 식당을 열었습니다. 수입은 1회 참가비 800엔(1인분)으로 회관 임대료와 재료비를 조달했습니다. 쌀과 조미료는 집에서 가져왔습니다.

지금 저는 "나"라고 하는 일인칭으로 "가루"를 소개하고 있습니다. 하지만 자연식 푸드컨설턴트라는 저의 직함은 민간자격일 뿐입니다. 식당이 오랫동안 유지될 수 있었던 이유는 제가 아니라 늘 함께해준 직원들이었습니다. 메뉴를 생각해주는 사람, 음식을 갖다주는 사람, 수제 제품을 들여오는 사람, 절임을 잘 담가주는 사람 등, 솔선하고 협력해서 움직여주는 멤버들이 갖추어져 있습니다. 커뮤니티 레스토랑은 이런 동료들과 "음식을 중심으로 사회활동을 한다"는 기개만 있으면 누구나 할 수 있는 일이라고 생각합니다.

"가루"의 메뉴 등 이것저것을 소개합니다

2018년 5월, 6월에 커뮤니티 레스토랑에서 배포한 인쇄 내용을 통해 "가루"의 풍경을 보여드립니다.

2018년 5월 10일

메뉴 결정, 조리 리더: 다테자키 야요이

1) 나가오카(長岡)식 발아현미 팥밥

2) **따뜻한 국수**(보관해둔 건면과 양념장이 많이 있었습니다. 평소와 달리 첨가물이 들어간 양념이지만, 이번에만 이것을 사용하겠으니 양해 부탁드립니다.)

3) 아이누대파와 표고버섯이 들어간 계란요리

4) 돼지감자와 양파 식초 무침

5) 쑥이 들어간 경단과 콩가루, 그리고 간장 양념

* 5월 9일 미사와(美沢)의 이웃 숲으로(다테자키 씨 소유의 산)
직원과 함께 아이누대파와 쑥을 따러 돌아가는 길에 휴게소에 들러 지역 채소를 구입하였습이다. 이것들을 사용하여 계절의 맛을 표현했습니다. 다테자키 씨는 화요일에는 현미밥 짓기에 1시간, 수요일은 식재료 조달에 2시간을 할애하고 있습니다. 즉 3일 전부터 준비하고 있는 것입니다.
세코 씨, 이토 씨, 구도 씨, 기사무라 씨와 도 내외의 커뮤니티 레스토랑 리더가 참가합니다.

〈한마디 메모〉
돼지감자는 장을 세척하는 효과가 있으며 고혈압과 변비를 예방 및 개선하는 효능이 있고, 당뇨병 예방에도 도움이 됩니다. 돼지감자에 포함된 이눌린은 장 내 좋은 세균을 늘리는 동시에 유해 물질을 배출하는 작용을 합니다.

2018년 6월 14일
메뉴 결정, 조리 리더: 이에쿠라 마유미(다테자키 씨와 교대로 담당)
1) 새싹튀김 초된장 무침
2) 우엉 등의 근채류 무침(줄기의 부드러운 부분 포함)
3) 머위조림(말린 청어와 곤약 추가)
4) 무농약 차(종자법 강사인 세코 카즈호 씨에게 차입)

5) 발아현미

6) 고구마 수프

7) 무농약 차를 우리고 남은 것을 조린 것

8) 흰 경단의 콩가루 무침(콩가루는 '미노리 채소밭'에서 수확한 검은 천
석콩으로 만든 것입니다. '미노리 채소밭'은 다테자키 씨의 친구가 운영하는 곳
인데, 판매처가 정해져 있기 때문에 좀처럼 개인적으로는 구하기가 어렵습니
다. '기적의 사과'로 친숙한 기무라 씨의 지도하에 화학비료와 농약을 사용하지
않는 자연재배 밭에서 수확하여 자연건조 시켰습니다. 탈곡, 선별 등이 모두 수
작업으로 이루어지고 있으며 세련된 포장지는 점자 신문을 재활용한 것입니다.
종자와 음식과 농사 본연의 자세를 되새기는 한 사람의 소비자로서, 이렇게 친
환경적인 농업을 실천하고 있는 농가와의 관계를 소중히 이어가고 싶습니다.)

즐거움은 식사 후에도 이어진다

소수의 인원으로 가능한 식후 회의와 정보 교환도 "가루"의 특징으로, 참가자들을 즐겁게 해주는 시간입니다. 각자의 근황보고뿐만 아니라 정치문제를 토론하고, 전문가를 불러 이야기를 듣기도 합니다. 사슴고기를 요리할 때에는 사슴 수렵 전문가를 불러 이야기를 들었습니다.

도마코마이에는 우토나이(ウトナイ)자연호수센터가 있습니다. 그곳에서 근무하는 일본야생조류회의 산림경비원이 와서 도마코마이의 보물인 우토나이 습지에 대한 이야기꽃을 피울 때도 있었습니다. 음식뿐만 아니라 이러한 다양한 분들의 이야기를 듣고 배울 수 있기 때문에 참가자에게는 일석이조일 것입니다.

이런 노력도 하고 있습니다. 지난번 다테자키 씨가 여성운동지도자인 히라쓰카 라이테우(平塚らいてう) 씨에 관한 강연회에 참석했을 때, 식이요법 전문가인 라이테우 씨가 자신이 좋아하는 참깨 팥죽을 만들었습니다. 동료와 함께 정성스럽게 참깨를 갈아서 참깨 팥죽을 만든 것입니다. 요리라기보다는 연출에 가까웠지만, 이와 같이 혼자서는 할 수 없는 일도 여러 명의 동료들과 함께하면 놀이가 됩니다.

또한 "가루"에 대한 이야기로부터 대화가 시작되어, 도마코마이시가 유치하려고 하는 카지노를 포함한 통합리조트 문제에 대해 이야기하는 소규모 학습회를 열었습니다. 모두가 주체적으로 나서서 도시에 대해 생각하는 좋은 기회가

되었습니다.

현재 시내에서는 음식을 중심으로 한 '어린이식당' 등의 활동이 매우 활발해지고 있습니다. "가루"를 시작했을 당시에는 도시는 물론이고 도내에서조차 이러한 활동이 드물었습니다. 그래서 저희가 일찍부터 선구적으로 움직였다는 것을 자랑스럽고 기쁘게 생각합니다.

커뮤니티 레스토랑을 '심화'시키는 것

조금 이야기가 엇나가는 듯하지만, 최근 나가노 여행 기념품으로 일본식 절임배추인 노자와나(野沢菜)를 샀습니다. 첨가물을 사용하지 않는다고 해서 샀는데, '원산지 베트남'을 보고 맥이 탁 풀려버렸습니다. 패키지에 "푸른 고개, 흰 구름, 오늘도 바라보는 고원 채소"라고 쓰여져 있었기 때문에 틀림없이 나가노에서 생산됐을 것이라 믿었는데…

이것도 저것도 다른 나라의 것이 많은 일본, '노자와나 너마저'라고 생각하자 자급률이 낮은 일본이 한심해졌습니다. 쌀은 100% 자급하고 있지만, 매일 어떤 형태로든지 입에 들어가는 콩의 경우 자급률이 단 7%에 지나지 않습니다.

또 다른 이야기가 있습니다. 'NPO법인 가루다스루'는 지난해 일본에서 최초로 공정무역 타운을 실현한 구마모토(熊本)의 아카시 사치코(明石祥子, 공정거래시티추진위원회 대표) 씨를 초청해 강연회를 열었습니다. 그때 상영한 영화 〈더 트루 코스트(The True Cost)〉는 상당한 임팩트가 있었습니다. 이 영화를 통해 일상의 쇼핑과 돈의 사용에 따라 사회를 바꿀 수 있다는 것을 다시 한 번 생각하게 되었습니다.

이 영화와 관련하여 나에게 한 통의 메일이 도착하였는데, 놀랍고도 기뻤습니다. 그 메일에는 "'세상에서 제일 투명한 바지', 일단 한번 입으면 잊을 수 없습니다. 그 정도로 편한 바지를 만들었습니다!" 이 영화를 고등학교 때 봤다는 대학생 2명이 'One Nova'라는 브랜드를 출시한 것입니다. 이 '세상에서 제일 투명한 바지'는 원재료의 생산 및 유통 과정이 투명하다는 뜻입니다. '손으로 정성껏 만드는 방식'을 통해서 자신이 정말로 '소중하게 생각하는 것'을 선택하여 살아가자고 제안하는 시도입니다. 영화가 사회를 움직인 기쁜 사례입니다.

왜 이런 이야기를 쓰는가 하면, 커뮤니티 레스토랑에는 다양한 운영방침이 있다고 생각하지만 '지속 가능한 사회를 만들고 싶다'는 것이 'NPO법인 가루다스루' 활동의 원점이 며, 그것을 전하고 실천하는 것이 "가루"의 사명이라고 생각 하기 때문입니다. 사회문제와 분리하여 단순히 음식을 만들 어 먹는 장소로 커뮤니티 레스토랑을 운영하는 것이 아닌, 사회에 과감하게 도전함으로써 바람직한 사회를 만들어가 고 싶습니다.

씨앗에 대한 이야기

종자법에 대한 이야기는 커뮤니티 레스토랑을 운영하고 있는 입장에서 놓칠 수 없는 화제입니다. 2월 어느 날, '도마 코마이의 자연을 지키는 모임' 게시판에서 농가 방문을 담 당하고 있는 K씨에게 '7482'라고 적힌 종이쪽지가 전달되었 습니다. 보낸 사람은 전 중학교 미술교사로, '일본 전역에 씨 앗 파종을 1만 명에게 배포하는 것'을 인생의 목표로 삼는 분이었습니다.

종이 쪽지 내용의 일부를 소개합니다. "이것은 밀과 쌀 의 일종입니다. 누구나 먹는 데는 관심을 가지지만 씨앗에 는 무관심합니다. 하지만 씨앗이 없으면 어떻게 될까요? 재 배할 수도 먹을 수도 없습니다. 하지만 씨앗만 있다면 뭐든 지 좋을까요? (중략) 남성의 정자 수는 이전에 1cc당 평균 1억 5,000만 개였는데, 지금은 4,000만 개로 격감했습니다. 미래 에는 무정자증(2,000만 개 이하)에 도달할 수도 있습니다. 그 원 인은 1945년 제2차 세계대전 후에 실시된 핵실험과 원전사고로 인한 방사능물질의 확산, 식품 첨가물, 농약, 화학물질 등의 환경문제, 유전자조작 때문입니다. 하지만 시판되고 있는 F1종이라는 잡종일대의 씨앗 문제도 무시할 수 없습니다. 제가 드린 것은 고정종[5]의 특별한 종자입니다."

쌀, 보리, 콩을 안전하고 안심할 수 있게 생산하는 법을 국가가 보장한 '종자법'이 2018년 4월에 폐지되었습니다. 'NPO법인 가루다스루'는 이를 계기로 생명의 근원인 음식과 농업의 본연의 자세에 대해 생각해보고 싶어 같은 해 5월 11일, "진화하는 커뮤니티 레스토랑~종자법 폐지로 인해 어떤 일이 일어날 것인가~안전하고 안심할 수 있는 쌀과 채소를 최대한 얻기 위해서"라는 제목으로 세코 카즈호 씨의 강연회를 기획했습니다. 이 강연회에는 "가루"에 참여하는 대부분의 구성원이 와주셔서 함께 배웠습니다.

세코 씨는 30년 전부터 유전자조작식품의 위험성을 호소해 왔습니다. 그것을 막기 위한 방파제였던 종자법이 폐지되었기 때문에 우려가 컸습니다. 이날의 강연을 통해 생물의 다양성, 종자의 다양성이 얼마나 소중한 것인지를 새삼다시 배웠습니다. 그리고 종자법을 대신하여 광역자치단체인 도도부현 조례를 만드는 것이 중요하다는 것, 농협과의 연계가 필요하다는 것도 알게 되었습니다. 농업을 목표로 하는 사람들이 시판되고 있는 F1종의 문제점과 고정종의 이

---

5) 固定種, 양친과 유전적으로 동일한 자손을 생산하는 계통 및 품종이다(역자 주).

점을 더 진지하게 생각하기를 바랍니다. 그러한 농가를 응원하는 것은 물론이고, 텃밭에서 직접 종자를 취득하는 것도 염두해 두고 있습니다. 그 외에도 여러 가지 이야기를 들을 수 있었습니다. 그리고 이를 통해 향후 활동에 대한 지침을 얻을 수도 있었습니다.

앞으로의 과제와 전망

대표인 제가 70대 후반이 되었습니다. 이것은 커다란 고민거리입니다. 은퇴를 준비하고 있습니다만, 사실은 후계자 문제가 더 걱정입니다. 이 일을 맡길 사람을 찾기가 쉽지 않은 데다, 같이 활동을 해온 직원들도 저와 같은 나이이기 때문입니다. 요즘은 늘 이러한 문제로 고민입니다.

"다테자키 씨는 장수할 거 같아요. 장수 유전자인걸요."라는 말을 듣곤 합니다. 그도 그럴 것이 아버지는 101세, 어머니는 95세인데도 노인공동시설에서 방 두 개를 빌려서 생활하고 있기 때문입니다. 치매도 걸리지 않았고, 여전히 혼자서 잘 생활하고 있기 때문에 어쩌면 나 또한 장수할지도 모르지만 내심 오싹하기도 합니다. 생명은 끝날 수밖에 없는 것이지만, 연령순으로 저승에 가고 싶습니다. 그런 이유에서 후계자 문제는 내가 좀 더 약해질 때까지 미뤄야 할 것 같습니다.

회계와 사무국이 제대로 모든 활동을 지원해주고 있습니다. 그래서 저는 더 이상 바랄 게 없는, 일하는 삶을 실천하는 75세 이상의 후기고령자입니다. 저의 이념을 이어주는 동료 중에선 제가 최고령자입니다. 30대의 나이로 육아 중인 사람도 있습니다. 그리고 젊은 동료가 산코쵸 주택에 이사를 오는데, 이사 오는 이유 중 하나가 "가루" 때문이라는 이야기를 듣고 아주 든든하게 생각하고 있습니다.

내가 운영하고 있는 커뮤니티 레스토랑은 지역 사람들을 대가족이라고 여기고, 앞으로도 계속 대가족의 엄마로서 안전하고 안심할 수 있는 식생활과 생활을 제공하고 싶다고 생각합니다.

지역의 사랑방 "가루"(地域の茶の間がる)

- 주소: 〒053-0042 홋카이도 도마코마이시 산코쵸 4쵸메 5의 6(北海道苫小牧市三光町4丁目5-6)
- 전화 및 FAX: 0144-34-2385
- HP: ipu. naja@topaz. plala. or. jp
- 영업일: 매월 둘째주 목요일 9시~14시
- 대표자: 다테자키 야요이
- 식사의 특징과 가격: 현미밥과 채식이 기본, 800엔
- 운영 형태: NPO법인 가루다스루

다테자키 야요이(舘崎やよい)

1941년 도마코마이시(苫小牧市) 출생. 결혼 후 남편의 전근으로 홋카이도 각지를 돌며 안전하고 안심할 수 있는 식품을 공동구매하는 그룹을 조직해왔다. 현재는 도마코마이에서 환경(도마코마이의 자연을 지키는 회), 평화(히로시마, 나가사키를 입에서 입으로 전하는 모임)

등을 위해 활동하고 있다. NPO법인 가루다스루(がるだする)를 통해 매월 1회 커뮤니티 레스토랑 "가루(がる, 지역의 사랑방)"를 운영 중이다.

노인과 청년
3세대가
모이는 식당
- 미쿠니 아키코

모두가 즐겁게 균형 잡힌 식사를!

2003년 10월 아사메시(浅めし)식당[6]은 경제산업성(経済産業 省)[7]의 모델사업에 선정되었으며, 지역 과제를 해결하기 위한 커뮤니티 비즈니스로 탄생했습니다.

아오모리(青森)시 아사무시지구에는 독거노인이 많습니다. 이분들이 하루에 한 끼라도 따뜻하고 영양 균형 맞춰진 식사를, 낯익은 사람들과 대화하면서 할 수 있기를 바라는 마음에서 시작했습니다. 이 식당을 시작한 것은 이 지역에서 개업한 이와키의원의 이와키 모토오(石木基夫) 원장입니다.

아사무시지구는 인구 1,300명 중 절반 이상이 65세 이상입니다. 젊은 부부는 자녀가 성장하면 학업 수준을 올리기 위해 아사무시를 떠나 큰 도시로 옮겨 갔기 때문에 독거노인이 증가하게 된 것입니다.

이와키 모토오 원장은 노인들이 과자, 빵, 컵라면, 국수 등으로 간단히 식사를 때우고, 하루에 2끼 정도만으로 식사하며, 게다가 혼자 먹는 경우가 많다는 것을 발견했습니다. 그래서 채소가 듬뿍 들어간 영양의 균형과 칼로리, 염분을 고려한 식사를 제공할 수 없을까? 즐겁게 식사하는 장소가 지역에 있었으면 좋지 않을까? 하고 고민하게 되었습니다.

그래서 폐점한 술집을 리모델링하고, 냉장고와 식기 등은

---

6) 아사무시(浅虫)지구의 식당에 아침밥을 뜻하는 '아사메시(朝飯)'와 동일한 발음의 단어로 식당 이름을 지은 것이다. 일종의 언어적인 유희이다(역자 주).
7) 우리나라의 산업통상자원부에 해당된다(역자 주).

지역으로부터 후원받았으며, 지역의 어머니 세대나 자녀 양육 세대를 고용했습니다. 처음에는 주 3일만 영업했습니다.

균형 잡힌 식사란 무엇일까요. 영양 균형을 고려한 식사를 제공해도, 다 먹지 않는다면 영양 불균형이 됩니다. 아무리 호화스러운 고급요리라도 혼자 먹으면 맛있게 느껴지지 않으며, 소박한 식사도 대화를 나누며 먹으면 맛있죠. 마음의 균형도 생깁니다.

아사메시 식당에서는 4인용 테이블도 있지만 6인용 테이블이 2줄로 배치되어 있어 첫 손님부터 합석하게 됩니다. 혼자 오신 손님도 지역노인과 이야기를 나누며 식사할 수 있고, 단골손님이 병원에 다녀오는 길에 혼자서 식사를 하러 와도 아는 손님이나 일하고 있는 직원과 이야기를 할 수 있습니다. 지역주민을 채용하기 때문에 이들 모두가 즐겁게 식사할 수 있는 것입니다. 그 후 2012년, 아사메시 식당은 1층으로 이전하여 시설 사람과 일반인이 함께 먹을 수 있는 식당으로 다시 태어났습니다.

같은 생각을 하고 있는 단체를 만나다

아사메시 식당은 16년 전 오픈 당시부터 독거노인을 대상으로 도시락 배달을 시작했습니다. 어느 날, 혼자 사는 노인에게 도시락을 가지고 가서 초인종을 눌렀습니다. 반응이 없어서 평소에 놔두던 곳에 놓고 돌아갔습니다. 하지만 다음 날 도시락이 그대로 있었습니다. 가족에게 연락하고 확

인해보니, 노인이 집안에 쓰러져 있었습니다. 우리는 도시락을 배달하면서 안부도 함께 확인했던 셈입니다. 항상 혼자라서 대화할 사람이 없는 분들에게는 말벗이 되어주기도 합니다. 노인들이 주로 식사에 어려움을 겪고 있기 때문에 도시락을 제공하고 있었지만, 도시락 하나에도 주의할 것들이 많았습니다.

지역 기업에 다니는 사람들에게도 점심을 제공했습니다. 아직 도시락을 배달하지 않던 시절, 혼자 식사하는 사람들에게 직접 만든 맛있는 도시락을 전달하고 싶었습니다. 하지만 일손이 부족하여 시내까지 배달하기 어려웠습니다. 그래서 아오모리 시내에 있는 정신장애인생활지원 NPO단체에 상담을 했습니다. 이 단체는 도시락을 만들어 제공하고 싶어 했지만 도시락을 만들 장소가 없었습니다. 마침 우리는 같은 생각을 가지고 있었기에, 도시락 배달을 시작하게 되었습니다.

"근처 백화점 지하 식품매장에서 도시락을 사먹고 있었지만, 냉동식품인 튀김 도시락 등이 주요 메뉴였기 때문에 병이 더 악화되었다는 손님이 시험 삼아 먹어보고 싶다고 하면서 건강 도시락을 주문하셨습니다. 또 다른 경우는 다리가 불편해서 장보기 어려웠는데 도시락을 배달받게 되어 다행이라고 기뻐하는 분이 계셨습니다. 그런 말들을 들으면서 행복했습니다"라는 이야기를 들었습니다. 지금은 주 3일 도시락 배달을 하고 있으며, 지체장애인도 고용할 수 있게 되

었습니다.

'장보기 난민'이 된 노인들

아사무시에는 유일한 슈퍼마켓이 있었습니다. 옛날에는 매우 붐볐지만, 다들 자가용으로 이동하게 되면서 편도 15분에 있는 대형 슈퍼마켓으로 장을 보러 가게 되었습니다. 그러나 지역노인들은 반찬이나 일회용품을 가까이에서 살 수 있는 장소를 원했습니다. 그래서 그 슈퍼마켓이 폐점하자 '장보기 난민'이 되었습니다.

그 이후 노인들에게 무엇을 원하는지 물어보면, 밥은 만들어 먹을 수 있지만 긴 시간 서서 요리를 할 수 없기 때문에 반찬이나 평상시에 먹을 수 있는 조미료, 휴지나 세제 등의 생활용품이 필요하다는 대답이 돌아왔습니다. 그래서 최소한이지만 생활용품을 구비했습니다. 애초에 반찬은 2인분으로 판매하고 있었지만, 1인분이 필요하다는 말을 듣고 현재는 1인분씩 판매하고 있습니다.

무엇보다 맛있는 것을, 안심할 수 있는 안전한 재료로

안심할 수 있는 재료는 아이들과 가족들도 공감할 수 있을 것이라고 생각합니다. 기본이 되는 조미료는 화학조미료가 아닌 진짜를 사용합니다. 염분이 적어도 맛있는 요리, 채소가 듬뿍 들어간 '오늘의 런치'를 제공합니다.

이전하여 오픈한 뒤에는 아오모리현이 수명이 짧은 '단명(短命)' 자치단체라는 오명을 벗기 위해서 저염식으로 조리하고 있습니다. 수프 소믈리에 자격도 취득했습니다. 안정된 맛을 제공하기 위해 조리 직원이 조리 과정을 이해하고, 레시피(요리 및 조리법)를 만들었습니다. 그러나 그 레시피는 노인과 일반 손님과의 입맛에 차이가 있어 채소의 크기와 맛을 바꿔야 했습니다.

시설에서 매일 세 번 식사를 제공하고, 도시락과 점심까지 내놓기 위해서는 새로운 조리법이나 구조가 필요했습니다. 그래서 조미료도 적게 넣고, 위생적이며 효율적으로 작업할 수 있고, 전개요리(展開料理)가 가능하도록 진공조리 시스템을 도입했습니다.

처음에는 채소 크기는? 이 정도 소금이면 괜찮나? 하며, 서투른 직원과 함께 진공조리 레시피를 하나씩 이해하고 작업하였습니다. 이제는 누가 만들어도 똑같은 요리를 완성할 수 있게 되었습니다.

시설의 입주자들은 처음에 싱겁고 심심한 맛에 다 먹지 못했습니다. 그러나 1년, 2년 동안 매일 먹자 싱거운 맛에 익숙해졌습니다. 그리하여 "맛있어요. 다 먹어버렸네요"라고 웃는 얼굴로 말할 수 있게 되었습니다. 아주 기뻤습니다. 이제는 조금이라도 맛이 자극적이면 "오늘 된장국은 조금 짜다"고 말할 정도입니다.

운영하고 있는 NPO법인에서 유휴농지를 활용하여 저농약 채소도 재배하고 있습니다. 농업대학을 졸업한 농장 주인이 하우스에서 오이, 가지, 토마토를 키우고 있습니다. 토마토는 이 지역의 온천물을 뿌려서 키웁니다. 노지에서는 무와 호박, 콩 외에도 지금은 현지에서도 한 곳밖에 키우지 않는다는 재래종 자색무를 재배합니다. 농장에서 키운 채소는 시설에 급식용으로 제공하거나, 아사메시 식당의 식재료로 사용하고 있습니다. 시설 입주자에게서 직접 재배한 콩을 받은 적도 있습니다. 누가 만들고 어떻게 만들었는지 직접 눈으로 보기 때문에 안심하고 먹을 수 있습니다.

노인에게 식사란 무엇일까요

멸치와 다시마로 우려낸 국물로 된장국을 만들고, 점심 메뉴로 가정요리를 만듭니다. 가게에 오는 손님은 독거노인 세대, 노인부부 세대가 많기 때문에 시간이 많이 걸리는 요리는 집에서 그다지 만들어 먹지 않는다고 합니다. 카레라이스, 임연수어를 다져 넣은 국물, 고기감자조림 등과 같이 큰 냄비로 만드는 맛있는 요리를 먹고 싶어 합니다.

저녁 식사는 직접 생선을 구워 내오기 때문에 아사메시 식당에서 점심을 먹는 것이 기대된다고 말합니다. 그러나 싱거워서 맛없다고 말하는 지역주민도 있습니다. 자극적인 맛, 화학조미료에 익숙한 노인에게는 인정받기 어렵습니다. 그래서 염분 측정기를 준비한 다음, 손님에게 염분 측정기를 보여주면서 싱거운 게 아니라 적당한 염도라고 알려드린 적도 있습니다. 그러자 지역주민들이 이해해주기 시작했고, 가게로 오는 손님들이 늘기 시작했습니다. 이전하여 오픈하고도 급식이나 식당의 점심은 직접 조리해서 채소의 삶은 정도나 맛 좋은 식사를 제공했습니다. 그러나 음식을 남기는 일이 많았습니다.

무엇 때문이었을까요? 원인은 채소의 삶은 정도와 엷은 맛이었습니다. '이 정도면 괜찮겠지'라고 생각했지만 고령자에게는 질기고 딱딱했던 것입니다. 지금까지 식사하러 온 손님에게는 딱딱하다고 들은 적이 없어서 '바깥에서 사먹는 음식은 이렇구나'라고 생각했을지도 모릅니다. 하지만 시설 입주자 손님은 매일 세 끼를 아사메시 식당에서 만든 식사로 먹어야 합니다. 어느 정도 삶아야 먹기 쉬운 정도가 될 것인지, 비교해서 먹어보았습니다. 같은 채소라도 생산된 지역이나 시기에 따라 질김과 딱딱함의 정도가 다를 수 있어, 직접 먹어서 확인하는 방법밖에 없었습니다.

입주자와 편하게 대화하기 어려웠던 초창기에는 먹기에 좋은지, 질기지 않고 부드러운지를 스스로 먹어보고 판단할 수밖에 없었습니다. '이 정도가 좋겠다'고 혼자 생각했던 것입니다. 이제 와서 생각해보면, 그때 당시의 고령자 손님들은 질기고 딱딱한 채소라도 참고 먹었던 게 아닐까 합니다. 하지만 지금은 다릅니다. "오늘은 질김과 딱딱함의 정도가 어때요? 맛은?"이라며 의사소통을 하면서 요리할 수 있게 되었습니다.

철따라 채취하는 산나물과 같은 제철 식재료로 요리를 제공하고 있습니다. 처음에는 노인들이 생선과 시골요리를 선호할 거라고 생각했었는데, 그분들은 반대로 고기나 오므라이스, 햄버거처럼 가정에서 하는 평범한 식사가 먹고 싶다고 말했습니다. '빵은 언제 나오나요?'라는 요청도 받습니다.

직원이 부족해지다

6년 전에 이전 개축을 했을 때, 8명의 입주자에게 식사를 제공하기 위하여 아사메시 식당 직원은 4명만으로 오픈했습니다. 이전하기 전에는 일요일을 비롯한 공휴일 점심만 영업했지만 이전하고 나서는 시설 급식 때문에 휴무가 없어졌습니다. 아침당번 1명, 저녁당번 1명, 손님이 올 시간에는 3명이 가게를 담당했습니다. 매일 요리 준비에 쫓겨 손님과 이야기도 할 수 없을 정도였습니다. 손님은 현지 직원과의 대화를 기대하고 있었습니다. 이것이 커뮤니티 레스토랑의 장점인데 말이죠. 알고 있어도 손님과 대화할 여유가 전혀 없어지게 되자, 아사메시 식당에 오지 않게 된 손님들도 있었습니다. 시설에서 조리를 경험해본 이는 없었으며, 조리 기구의 배치나 식단 만들기, 식당 영업과 급식을 양립하는 일 등이 생소하여 느낌만으로 일을 처리했습니다. 이 모든 것이 익숙해질 때까지 1년이라는 시간이 필요했습니다. 그 후 손님이 늘어났고 직원도 더 모집하여, 이제는 직원이 7명이 되었습니다.

'좋았어, 지금부터다'라고 다짐할 무렵, 젊은 직원이 돌봄 공부를 하기 위해 그만두고 싶다고 말했습니다. 한 명이라도 일손이 부족하면 힘들겠지만 직원의 미래를 응원해주기로 했습니다. 그로부터 2개월 뒤 조리 직원이 병으로 퇴사

하고, 3개월 후에는 사무국장이 갑자기 사망하는 불행이 이어졌습니다.

하지만 시설의 급식은 멈출 수 없었습니다. 밥을 기다리는 사람들이 많았기 때문에 쉴 틈이 없었습니다. 본인의 일, 식단 만들기, 직원 근무표 작성, 주문 및 발주, 아사메시 식당의 경리, 여기에 사무국장의 업무까지 추가되었습니다. 당시에는 어떻게든 일을 해내는 것이 고작이었습니다.

계속되는 어려움

이전 오픈한지 2년 정도 지났을 즈음, 아침부터 목이 아프더니 시간이 흐를수록 너무 아파지면서 움직일 수 없게 되었습니다. 지금까지 느껴보지 못했던 통증이었습니다. 병원에 갔더니 어깨와 목 근육이 굳어 있다는 진단을 받았습니다. 아침 일찍부터 식당 준비를 한 다음, 집에 돌아간 뒤에도 밤늦게까지 컴퓨터로 작업한 게 문제였습니다. 한 달 후에는 어깨가 올라가지 않게 되었습니다. 결국 가족들과 논의하게 되었습니다.

무리하면서 일하다가 무슨 일이 생기면 어쩔 수 없다, 아사메시 식당에서 나를 대신할 사람은 있어도 집에서 나를 대신할 사람은 없다는 말을 듣고 그만두기로 결정했습니다. 16년 동안 일한 직장이었고 싫어서 그만두는 것이 아니었습니다. 좋아하는 일이기에 망설임이 남았습니다. 이사장도 제가 그만두면 곤란하다고 말했기에, 제가 가족들을 설득시켰습니다.

그 이후 몇 명의 직원이 들어왔습니다. 그러나 새로 들어온 직원들은 몇 달 지나지 않아 그만두었습니다. 너무 바쁘고, 기억해야 할 게 너무 많다는 이유였습니다. '너무 바쁘다고?'라고 이상하게 생각했습니다. 확실히 기억해야 할 것은 많습니다. 하지만 그것을 힘들다고 생각하느냐 아니면 보람 있다고 생각하느냐는 사람에 따라 다릅니다. 나는 직원 면접 시에 분명히 이렇게 말할 수 있습니다. "꽤 힘든 직장입니다. 하지만 그것을 힘들다고 생각하는지 보람 있다고 생각하는지는 스스로에게 달려 있습니다."라고 말입니다.

어린아이가 있는 직원이 일하기 좋은 환경을 만들어주고 싶었습니다. 오랫동안 일해보고 무리라고 생각한다면, 할 수 있는 시간 안에 일할 수 있도록 근무를 조정해줄 수 있습니다. 노인이 되어도 일할 수 있도록, 그 사람에게 맞는 일을 맡기고 싶습니다. 조리 보조로 들어갔는데 칼을 전혀 쓸 줄 모르는 사람, 홀에서 손님을 맞는 일에 투입되었지만 사람을 대하는 게 서툰 사람 등, 다양한 직원이 있습니다.

직원이 잘하는 것을 찾아야 효율적으로 일할 수 있습니다. 각자가 무엇을 잘하는지는 제대로 관찰하면 보입니다. 자신 있는 분야에서 일을 해야 즐거울 수 있습니다. 이렇게 하는 게 좋을 거 같다고 아이디어를 내는 직원도 있습니다. 해도보록 시킨 다음 정말로 그걸로 작업이 쉬워진다면 그 아이디어를 채택합니다. 현재의 직원들은 매우 즐기면서 일을 하고 있습니다.

하지만 지금도 여전히 직원이 부족합니다. 일하는 사람, 일할 수 있는 사람이 없습니다. 아사무시 지역은 여관 등이 있기 때문에 고용할 곳은 많습니다만 일할 수 있는 사람은 10대, 80대가 대부분입니다. 고등학교를 졸업한 대부분의 젊은 사람들은 다른 지역으로 진학하거나 취직하여 나가 버립니다. 그래서 아사무시에는 청년이라고 불릴 만한 사람이 없습니다. 지금 일본은 일손부족입니다. 일할 사람이 없어지고 있는 것이 사실입니다. 때문에 조금이라도 오래 일할 수 있는 직장을 만들고 싶습니다.

향후 살고 싶은 곳으로 만들고 싶다

지역주민은 어느 정도 아사무시에 살고 있을까, 라는 의문이 들어 설문조사를 실시해 보았습니다. '이 곳에서 몇 년 살았습니까?'라고 묻자 30년 이상 살고 있는 사람이 절반 이상이었습니다. '아사무시에 계속 살고 싶습니까?'라는 질문에는 죽을 때까지 살고 싶다는 응답이 대부분이었습니다. 아사무시에 30년 이상 살고 있고, 앞으로 몇십 년 후에는 이 마을에서 최후를 맞이하고 싶다는 것이었습니다.

20년 전 내가 시집을 왔을 때는 초등학교, 중학교도 있어서 아이들이 밖에서 놀고 있는 광경을 볼 수 있었지만, 6년 전에 학교가 폐교되면서 아이들의 모습은 거의 보이지 않게 되었습니다. 길을 걷는 사람도 없어졌습니다. 지역 병원으로 오가는 자동차만이 다닐 뿐입니다.

이제부터는 노인과 노인을 지원하는 세대, 그리고 젊은 세대 이렇게 3세대가 교류할 수 있는 식당이 되었으면 좋겠습니다. 시설 입주자의 가족은 식당에서 점심을 함께 먹을 수 있습니다. 안전한 식품이라 아이들과 함께 식사하러 오는 경우도 있는데 그럴 때마다 '좋았다, 맛있다'라고 말해주십니다. 30대, 40대 여성에게는 찻잔 하나라도 귀엽다는 말을 듣거나 그릇이나 인테리어가 근사하다는 이야기를 듣기 위해 노력하고 있습니다. 손님에게 사용하는 식기는 좋은 것을 사용하며, 손님들이 요리뿐만 아니라 식기를 통한 즐거움을 느낄 수 있게 애쓰고 있습니다. 직원들도 좋은 물건을 취급하니 소중히 다룹니다. 할머니들도 귀여움과 설렘을 느끼는 것이 건강에도 좋지 않을까요?

예전에 구두로 갈아 신고 식사하러 오는 입주자가 있었습니다. 외식하러 오는 마음으로 식당에 온다고 합니다. 기모노를 입고 밥을 먹으러 오는 사람도 있었습니다. 그런 마음가짐이 건강으로 이어질 것입니다. 노인이 되면 신문을 읽지 않는 사람이 늘어나지만, 시설에 입주하고 있는 사람 중에는 신문을 가지고 와서 매일 읽거나 기사를 스크랩하는 사람도 있습니다. 사회에 참여하며 살고 싶다는 생각에서 하는 행동일 것입니다.

사과깎기 대회를 개최한 적도 있습니다. 매년 사과를 대량으로 구입하는데, 사과껍질을 깎는 일은 상당히 어려운

作業이라 직원만으로는 시간이 걸리는 경우가 있었습니다. 그때 입주자에게 도움을 청하기 위해서 개최했던 것입니다. 사과를 깎을 줄 모른다는 사람들도 참여했습니다. 또 다른 입주자는 "언제든지 깎아줄게, 말만 해"라고 말해주었습니다. 다른 입주자는 "파슬리를 길러보았는데 한번 사용해봐." 하고 자신의 밭에서 가져오기도 했습니다. 자신이 누군가에게 필요한 존재가 된다는 기쁨을 여기서 만날 수 있었습니다

아사무시 온천의 새로운 관광거점으로

관광지로서의 아사무시 온천은 점차 적막해져 가고 있습니다만, "아사무시에도 이렇게 멋진 곳이 있군요!"라고 여겨지는 장소가 되고 싶습니다. 어떤 연령층이 식사를 하러 와도 괜찮습니다. 재료를 하나씩 진공으로 조리하기 때문에 알레르기가 있는 재료를 제거해줄 수 있습니다.

어떤 손님도 가능한 범위에서 대응할 수 있는 식당, 손님이 맛있게 먹어줄 수 있는 식당, 일부러 찾아오는 식당이 되고 싶습니다. 이를 위해서는 아사메시 식당 특유의 임팩트가 있는 메뉴가 필요하다고 생각되지만, 아직은 그런 메뉴가 없습니다.

현지 식재료를 써서 고객에게 맛있는 요리를 제공하고, 그 수익으로 저렴하고 질 좋은 식사를 제공할 수 있는 구조를 만들고 싶습니다. 음식과 건강에 관한 교실과 이벤트를 열고, 활기찬 목소리를 들을 수 있는 장소를 만들어가고 싶습니다.

아사메시(浅めし) 식당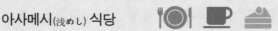

- 주소: 〒039-3501 아오모리현 아오모리시 아사무시 호타
  루다니 65-34(青森県青森市浅虫字蛍谷65-34)
- 전화: 017-752-3322 / Fax: 03-4330-1902
- E-mail: info@asameshi-syokudou.com
- HP: http://asameshi-syokudou.com
- 정기 휴일: 매주 수요일, 추석, 연말연시
- 영업 시간: 11:00 ~ 16:00
- 대표자 및 운영 형태: 특정비영리활동법인, 생기발랄한
  아사무시, 이사장 이와키 모토오(石木基夫)
- 점심: 자사 농장에서 재배한 채소와 아사무시 온천물을
  사용해서 만든 점심을 제공한다. 아사무시 온천 카레는
  800엔이다.
- 운영형태: NPO법인의 사업이며, 자원봉사자 주체이다.

미쿠니 아키코 (三国亜希子)

1971년 아오모리시에서 태어났다. 아사무시
에서 결혼하여 3명의 자녀를 두고 있다. 2003
년 10월부터 '특정비영리활동법인 생기발랄
한 아사무시, 아사메시 식당'에 입사했다. 요
리와 과자 만들기를 좋아하고, 조리사·푸드
코디네이터·수프 소믈리에 등의 자격증을 가지고 있다.

코코홋토(ここほっと)

여기에 오면
마음이 안심되는
코코홋토[8]

- 아사미 카나메

COCOHOT

'코코홋토' 이전(移轉)의 경과

커뮤니티 레스토랑 '코코홋토'가 있는 쓰루가시마시는 사이타마현 가운데쯤에 위치하는, '작은 에도(小江戶)'라고 불리는 가와고에시의 북서쪽에 있습니다. 인구 약 7만 명, 면적 약 17.7k㎡, 도심으로부터 45km 떨어진 거리에 있으며 도부도조(東武東上)본선이 시의 북동부를, 도부오고세(東武越生)선이 시의 북서쪽을 지나며, 간에츠(関越) 고속도로가 남북에 있어 수도권 중앙고속도로가 동서로 지나는 교통의 요충지입니다.

1945년 이전에는 농촌만 번성했으나 1945년 이후, 공장유치와 고도경제성장 등으로 인구가 급증하였습니다. 이른바 도쿄의 베드타운으로 발전하게 되어 1991년에 시로 승격, 현재의 모습을 갖추게 되었습니다.

새로운 '코코홋토'는 도부도조본선 와카바역 서쪽 출구에서 내린 뒤 도보로 10분 거리에 있는 주택가의 '츠루가지마 중앙교류센터 크레용'이라는 곳에 있습니다. '크레용'은 올해 3월에 준공한 철골 구조의 100평짜리 지상 1층 건물로 시내 중앙부에 있는 공영연합자치회 소유입니다. 시민센터의 대체 공공시설로서 공영연합자치회 사무소, 쓰루가시마 중앙지역 상호협력협의회 사무소, 지역포괄지원센터 '이치

---

8) 코코(ここ)는 '여기'라는 뜻을, 홋토(ほっと)는 '안심되다, 마음이 놓이다'라는 뜻을 가지고 있다. 그렇기에 식당 이름인 '코코홋토'는 '이곳은 안심되는 식당, 마음이 놓이는 식당'이라는 의미가 있다(역자 주).

반보시(いちばんぼし)', 그리고 '코코홋토'까지, 총 4곳의 시설이 함께 있는 다기능형 시민교류시설입니다. NPO법인 '카로레(カローレ)'가 운영하는 '코코홋토'는 20.47㎡의 커뮤니티 주방과 32.57㎡의 교류살롱을 합쳐서 53.04㎡ 넓이의 공간입니다. 매주 월요일부터 금요일까지, 오전 11시에서 오후 2시 사이에 직원 3명으로 운영하고 있습니다.

당초 '코코홋토'는 시내 동쪽의 고미가야지구에서 2009년 7월에 오픈했었습니다. 영업한지 10주년을 앞두고 향후 사업전개에 대해 검토하고 있던 와중에, 임대건물의 계약을 갱신해야 하는 시기가 되었습니다. 계약을 연장하여 계속 영업을 할지, 점포를 이전해서 새로운 곳에서 영업할지, 아니면 사업을 중단할지 논의하기 시작했습니다.

좀처럼 결론이 보이지 않던 상황에 부동산을 찾아다니다가 시청으로부터 "크레용에서 커뮤니티 레스토랑을 할 수 있지 않을까?"라는 이야기를 들었습니다. 지금까지 9년 동안 단독시설에서 영업해 왔기 때문에, 자치회나 지역상호협력협의회 등의 사무소가 병설되어 있는 다기능형 교류시설에서 커뮤니티 레스토랑을 운영하는 것을 새로운 대안으로 두고 논의하게 된 것이었습니다.

"현재 위치에서 영업을 계속하는 편이 좋은 것 아닌가?" "지역과의 연계를 생각하면 점포를 이전하더라도 현재 영업하고 있는 고미가야지구에서 가까운 곳을 찾는 편이 좋지 않을까?" "완전히 다른 환경에서 커뮤니티 레스토랑을 해보는 것이 새로운 진전을 얻을 수 있지 않을까?" 등의 다양한 의견이 나왔습니다.

그러나 의외로 "커뮤니티 레스토랑 사업을 중단하자"는 의견은 나오지 않았습니다. 그 이유는 "코코홋토"가 카로레 사업의 하나로 자리매김하고 있으며, 지역에서도 지속적으로 좋은 평가를 얻고 있었기 때문이라고 생각합니다.

이사회의 검토 결과, 임차료 등의 운영비용을 절감할 수 있고 자치회나 상호협력협의회와 연계할 수 있다는 장점을 고려하여 '크레용'으로의 이전을 결정했습니다. 그 이후에는 시청이나 자치회 등과의 조정을 급속도로 진행하면서 이사와 개점 준비 등 바쁜 나날이 시작되었습니다.

2019년 4월 22일에, 시장과 지역 시의원을 비롯한 지역주

민들을 초대해서 개점행사를 성대하게 진행하였습니다. 행사가 열리기 전 '코코홋토'에서 임시 영업을 했는데, 그때 많은 단골손님들이 식사하러 와서 직원들을 안심시켜 주었습니다. 또한 자치회나 지역상호협력협의회 사무소가 병설되어 있는 덕분에 지역교류이벤트의 개최상담이나 협의가 굉장히 편해졌습니다. 때로는 '코코홋토'를 이용하는 손님을 다른 병설시설로 연결해 주거나, 반대로 소개받기도 했습니다. '크레용'은 육아지원, 방재, 방범, 그리고 세대 간 교류 등 지역협력의 중요한 거점시설역할을 수행하는 건물입니다. 이곳에 입주한 '코코홋토'는 음식을 통해서 지역교류에 이바지하고 싶습니다.

'코코홋토'가 탄생하게 된 과정

'특정비영리활동법인 쓰루가시마시 방과 후 아동보육회'가 운영하는 '코코홋토'는 2009년 7월 도부도조선 쓰루가역 동쪽 출구에서 도보로 20분 떨어져 있는, 녹음 짙은 고미가야의 시내에 오픈했습니다.

'코코홋토'는 "여기에 오면 누구나 아늑한 기분을 느끼는 공간이 되고 싶다"는 바람으로 붙여진 이름입니다. 영업시간은 주 4일로 화요일, 수요일, 금요일, 토요일에 문을 열며 오전 11시부터 오후 4시 30분까지 운영합니다. 점심시간은 오전 11시부터 오후 3시까지이며 직원은 4명입니다. 근처에 있는 동부시민센터(공민관)의 이용자나 시민활동단체가 많이 이용하고 있습니다.

수제 간식에서 '코코홋토' 오픈까지

아동보육교실(현재는 '방과 후 아동클럽')은 맞벌이 등의 이유로 방과 후에 부모가 집에 없는 초등학생을 돌보는 육아지원시설입니다. 아동보육교실은 '생활의 장'이자 '제2의 가정'이라 할 수 있습니다. 아이들이 다양한 경험을 통해 안전하고 다양한 방과 후를 보낼 수 있도록 일일아동보육지도원(방과 후 아동지원인)들이 여러 가지로 고민하면서 보육하고 있습니다. 특히 수제 간식에 대한 자부심이 있습니다. 지금까지 수많은 아이들을 돌본 경험상, 인스턴트나 정크푸드만으로는 건강한 어린이로 자라날 수 없다는 사실을 절감하고 있습니다.

당시 아동보육교실은 등록하는 학생 수가 매우 늘어나고 있었습니다. 하지만 교실의 좁은 부엌에서는 수제 간식을 만들기 힘들었고, 이것이 결국 보육에까지 영향을 끼치게 되었습니다. 그래서 방과 후 아동보육교실 자체적으로 간식을 만드는 일에 집중을 하고자 했습니다. 이를 위해 레스토랑으로 사용되고 있던 건물을 빌렸고, 그곳에서 간식을 만들기 시작했습니다.

애초에 레스토랑으로 이용하고 있었기 때문에 바닥 공간이 넓었습니다. 자리도 40석을 확보할 수 있어서, 이 공간을 활용하지 못했던 것이 안타깝다는 의견이 있었습니다. 바닥을 활용할 방법이 검토되고 있는 가운데, 이사 한 명이 '지역 공헌사업으로서 커뮤니티 레스토랑을 운영하는 건 어떨까'라는 제안을 했습니다.

거기서 '아동보육회'가 아이 돌봄 이외에도 육아 지원을 중심으로 한 지역복지사업을 적극적으로 실시하고자 했습니다. 그 첫걸음으로 커뮤니티 레스토랑을 '음식을 통한 지역 사회 만들기 사업'으로 전개한 다음, 이를 통해서 지역에 공헌하자고 생각했습니다.

당시에는 전국에 약 4만 개의 NPO법인이 있다고 알려져 있었습니다. 즉 전국에서 약 4만 곳이 다양한 노력과 시도를 하는 장대한 실험장이나 마찬가지였습니다. 그렇기에 그러한 실험들을 공부함으로써 다양한 사례들을 배울 수 있었습니다. 또한 우리의 노력이 지역 활성화의 성공 사례가 되어 다른 지역의 아이 돌봄이나 NPO에 참고가 되기도 했습니다. 그리하여 우리끼리 상부상조하기만 하는 단체가 아니라, 지역공헌, 사회공헌 사업을 할 수 있는 단체로 전환하고자 커뮤니티 레스토랑 '코코홋토'를 운영하게 되었습니다.

그리고 간식을 만드는 사업을 준비하고 커뮤니티 레스토랑 실현을 위해 특정비영리활동법인 NPO연수·정보센터의 '커뮤니티 레스토랑 강좌'를 수강하는 등, 지역사회 레스토랑을 운영할 준비를 마쳤습니다.

커뮤니티 레스토랑을 자립시키기 위한 노력들

쓰루가시마 아동보육교실이 커뮤니티 레스토랑 사업을 시작하게 된 과정은 앞서 이야기한 것과 같지만, 우선 해결해야 할 과제가 있었습니다. 보조금에 의존하지 않고도 매출만으로도 독자 경영을 할 수 있을지에 대해 고민해야 했습니다. 개점 3년까지는 '사이타마현 고향 고용재생기금 시정촌(市町村) 보조사업'의 보조금을 신청하고, 쓰루가시마시와 위탁계약을 맺어 인건비를 충당하고 있었습니다.

그러나 2011년도부터 보조금이 중단되었습니다. 그래서 그때부터 자립의 길을 걸을 수밖에 없었습니다. 개점한지 1년이 지난 2009년 7월에는 월별 매출과 인건비가 거의 같은 수준이었고, 재료비와 수도세, 전기세 등 기타 지출 때문에 보조금이 없으면 적자였습니다. 점심에 매출을 얼마나 올릴지가 관건이었지만, 한편으로는 손님들이 천천히 식사해주기를 바라는 마음도 동시에 가지고 있었습니다.

직원들은 고민했습니다. 점심식사 시간에 이벤트를 하거나, 영업시간 이외의 시간에 동아리나 단체 등에게 대관을 해서 친목회에 이용할 수 있도록 하는 등, 본래의 목적을 유지한 채로 흑자를 달성하기 위해 거듭 연구해나갔습니다.

개점부터 지금까지 벌였던 다양한 사업들

2010년도에는 지역화폐인 '고마워요 화폐'의 협력업체로 가입하여 매출 상승에 노력했습니다. 이 화폐는 후지미(富士見)지구에 상호협력활동인 '와카바 협력단'이 발행하는 화폐입니다. 또한 육아 중인 가족이 안심하고 외출할 수 있는 환경 만들기를 실시하고 있던 사이타마현의 '아기를 위한 역'에 등록했습니다. 이곳의 보조금을 이용하여 기저귀 교환대와 수유공간 칸막이를 구입하고 설치함으로써, 육아 중인 엄마들이 이용하기 쉽도록 환경을 정비한 것입니다.

다음 해 2월에는 '코코홋토'의 활동을 인정받아서 사이타마현 서부지역진흥센터의 추천을 받았습니다. 그 결과 사이타마현 지사의 '철저한 방문'의 시찰대상으로 선정되었으며, '코코홋토'를 방문한 우에다 키요시(上田 清司) 지사와 의견교환을 하고, '커뮤니티 레스토랑을 운영하고 있는 육아지원 NPO법인'으로 높은 평가를 받았습니다.

또한 올해는 현에서 커뮤니티 레스토랑 또는 커뮤니티 카페를 운영하는 분들에게 권유하여 '커뮤니티 레스토랑 네트

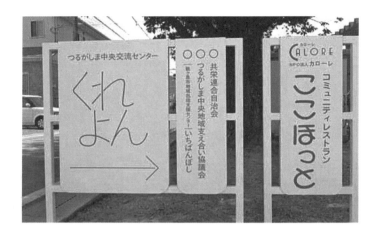

워크 사이타마'를 출범했습니다. 커뮤니티 레스토랑이 지역에 뿌리를 두고 지속적으로 운영해 나가는 데 필요한 정보교환 및 커뮤니티 레스토랑의 출시 지원을 목적으로 활동해나갈 수 있게 되었습니다.

같은 해 12월에는 커뮤니티 레스토랑 전국 네트워크와 연계하여 '지역 만들기와 재해지역 부흥을 위한 커뮤니티 레스토랑의 역할'을 주제로 '커뮤니티 레스토랑 전국 포럼 in 사이타마'를 개최했습니다. 이 포럼은 3월 11일 발생한 '동일본 대지진'의 부흥지원을 통해 사람과 사람 간의 관계의 중요성과, 지역의 툇마루이자 지역 정보교환의 장인 커뮤니티 레스토랑 활동이 얼마나 중요한지를 깊이 실감하는 계기가 되었습니다.

'코코홋토'에 간식 만들기 집중사업으로 인해 병설된 '간식센터 식생활교육 공방'이 '식생활교육의 발신기지'로 자리

잡은 이후, 식생활교육 관련 사업을 적극적으로 실시하게 되었습니다. 같은 해에 미니 FM방송국 '홋토바나나 방송'을 개국하고 커뮤니티 레스토랑 직원과 보호자 OB의 협력하에 정기적으로 편집 회의를 했습니다. 그 녹음방송을 '코코홋토' 식당에서 틀었더니 점심시간에 식사하러 온 손님들이 즐겁게 듣기 시작했습니다. 지역 정보교환의 장으로서 '코코홋토'의 존재를 느낄 수 있는 사업이 된 것입니다.

그런가 하면 요리를 좋아하는 주부를 초빙하여 일요일에 영업을 하는 '홀리데이 코코홋토'도 2012년에 시작했습니다. 요리가 특기인 사람이 직접 특색 있는 요리를 만들었기 때문에 평판도 최고였습니다. 그러나 고용계약이 없는 일반인이 가게를 통해 음식을 판매하는 것은 임대계약상 이중임대가 되는 것을 알고, '홀리데이 코코홋토'를 중단할 수밖에 없었습니다.

다시 시작된 '홀리데이 코코홋토'

그렇지만 2년이 지난 2014년 10월, 현에서 보조금을 지급하는 '지역 여성이 일할 수 있는 장소 만들기 사업'을 활용하여 지역에서 요리를 좋아하는 여성을 '코코홋토'에서 고용하여, '홀리데이 코코홋토'를 다시 시작하기로 했습니다.

'홀리데이 코코홋토'는 '코코홋토'를 현장 연수의 장으로 삼아서, 지역에 있는 주부들에게 커뮤니티 레스토랑의 운영에 필요한 조리실습이나 홀서빙 실무·실습 등을 실시하는 사업이었습니다. 강좌 후에는 수료자를 고용함으로써 지역 경제 활성화와 지역 네트워크 형성을 도모하였습니다.

이 사업은 고립되기 쉬운 고령자 지킴이와 안부 확인 또한 실시했습니다. '코코홋토'에서 노인에게 도시락을 배달하고 식사를 제공하는 사업을 벌임으로써, 지역의 복지를 향상시키기 위해 노력한 것입니다. 이러한 사업들은 쓰루가시마시의 제5차 종합계획으로 진행되고 있는 '리딩 프로젝트: 함께 지탱하는 연결 만들기'에 의거하여 조직된 지역상호협력협의회와 함께 진행되었습니다.

법인의 명칭 변경과 사업의 다양화

2014년 5월, 제13회 정기총회에서 법인의 명칭을 'NPO법인 카로레'로 변경했습니다. 카로레는 이탈리아어로 '온기'라는 뜻입니다. 지역복지를 적극적으로 추진하여 따뜻하고 사려 깊은 지역사회로 만들어가겠다고 선언한 것입니다. 첫 번째 도전은 새로운 육아지원사업이었습니다.

다음 해 7월부터는 빈곤층자립지원법에 기반하여 중고생 대상의 학습지원사업을 시에서 위탁받았습니다. 아이들에게 학습뿐만 아니라, '아이들만의 공간'을 제공하는 방향으로 이 사업을 발전시켰습니다. '코코홋토'에서 만든 간식을 아이들에게 제공하는 동시에 식생활습관을 교육하고 아이들이 혼자 밥을 먹는 일이 없도록 노력했습니다. 아동보육지원인이 인솔하는 학생들이 휴게시간에 간식을 먹으며 대화하는 것을 보고 있으면 마음이 편안해지곤 했습니다.

2016년도에는 빈곤아동의 악순환을 막기 위해 쓰루가시마시와 협동사업으로 어린이식당 '감자'를 오픈했습니다. 시내 두 곳의 시민센터에서 격주 금요일 저녁마다 어린이와 그 가족을 대상으로 실시하고 있으며, 학습지원사업과 함께 '코코홋토'에서 만든 음식을 아이들에게 제공하고 있습니다. 올해부터는 어린이식당에서 학습지원사업을 제공하는 '학습살롱병설형 어린이식당'이 시작되었습니다.

다양한 사업을 연결하며

이와 같이 '코코홋토'는 수제 간식을 계기로 오픈하게 되어 9주년을 맞이하고 있습니다. 이제 카로레는 육아지원사업을 비롯한 종합복지서비스를 제공하는 사업형 NPO법인으로서 지역사회에서 선도적인 역할을 수행하고 있습니다.

그리고 올해 '크레용'으로 이전하면서 사업의 내용이 더욱 충실해졌으며, 지역의 거처로서 없어서는 안 되는 커뮤니티 레스토랑이 되었습니다. 저희는 커뮤니티 레스토랑의 5가지 기능(인력양성 기능, 생활지원 기능, 자립생활지원 기능, 커뮤니티센터 기능, 순환형 마을 만들기 기능)의 실현을 목표로 계속 도전하고자 합니다.

코코홋토(ここほっと)

- 주소: 〒350-2206 사이타마현 쓰루가시마시 후지가네
  871-3(埼玉県鶴ヶ島市藤金871-3)
- 전화 및 FAX: 049-287-1792
- 영업시간: 월요일부터 금요일 11:00~16:30/점심시간
  11:30~14:30
- 도부토조선 와카바역 서쪽출구 도보 10분.
- 자세한 내용은 NPO법인 카로레 홈페이지 참조.

아사미 카나메(浅見要)

NPO법인 카로레 부이사장·사무국장, 장남
이 아동보육에 참여하면서 아동보육의 임
원으로 참여하게 되었고 NPO법인화를 추
진하여 초대 이사장에 취임하여 3년 동안
맡았다. 츠루가시마 시청 은퇴 후 카로레
전담직원이 되어, 사업형 NPO법인으로 소
규모 보육사업, 교육지원사업, 어린이식당 등을 통해 육아지원사
업에 폭넓게 참여하고 있다.

엄선, 깊은 지식,
자화자찬으로
사람도 마을도
스스로도 건강하게

- 토미타 히사에

지역(자치회·지역사회복지협의회 등)과의 관계

벌써 15년 전 일입니다. 부모님이 연로해진 뒤, 친정 근처에 살기 위해 지금의 위치에 집을 짓게 되었습니다. 1층에는 자신의 꿈을 실현하는 공간을 갖고 싶다는 희망으로 '자화자찬'을 구상하기 시작했습니다.

부모님을 통해 지역과의 관계가 있었지만, 그래도 전혀 모르던 사회에 아무것도 모르는 채로 참여해야 했기 때문에 많이 불안했습니다. 그래서 지역주민 모두가 부담 없이, 마음 편히 있을 수 있는 장소가 있다면 저 자신이 고립되지 않을 거라는 기대가 있었습니다.

개점 직후의 낯설음과 불안함이 사라지고 손님들의 얼굴이 익숙해진 이후에야 지역의 모습도, 인간관계도 조금씩 보이기 시작했고, 스스로 지역사회의 일원으로 받아들여졌다고 느끼게 되었습니다.

유감스럽게도 그사이에 부모님이 세상을 떠나시게 되고 실질적으로 제가 지역의 일원으로서 지역을 담당하게 되었습니다. 마침 최근 몇 년 동안 현이나 시에서도 '지역공간 만들기'를 추진하는 움직임에 힘입어, '자화자찬'의 활동과 필요성이 자치회나 지역사회복지협의회에서 인정받게 되었습니다.

그래서 홍보물이나 홍보활동을 통해 소개되는 것은 물론, 다양한 협력을 얻을 수 있게 되었습니다. 민들레 홀씨처럼 날아온 제가 간신히 이 땅에 뿌리내렸다고 생각하는 순간,

시간은 이미 10여 년이나 지나 있었습니다.

이상과 현실

'자화자찬'은 2005년 10월 29일, "엄선·깊은 지식·자화자찬으로 사람도 마을도 스스로도 건강하게!"를 캐치프레이즈로 잡고, '20년 후 자신의 공간 만들기'를 목표로 삼아 개점했습니다. 당시로서는 새로운 전략이었기 때문에 어떤 가게인지, 또 어떻게 이용하는지 모르겠다는 반응이 많았습니다. 그래서 우선 '일일요리사가 직접 만든 점심을 즐길 수 있는 커뮤니티 레스토랑'이라는 개념을 중심으로, 누구나 부담 없이 발길이 향하는 장소가 됐으면 좋겠다고 생각했습니다.

개점 준비와 함께 점심을 제공하는 '일일요리사 모집'과, '점심식사를 할 수 있는 음식점'으로서 고객 유치를 위한 홍보 활동에 상당한 에너지를 쏟았습니다. 그러나 유감스럽게도 개점까지 요리사를 충분히 모으지 못한 채, 주 2일 또는 3일의 점심 영업을 포기할 수밖에 없었습니다.

이후 입소문과 소개 등으로 7팀 정도의 요리사가 모여 최대 매주 3일 정도까지 점심 영업이 가능하게 되었습니다. 등록 요리사를 늘려서 매일 점심 영업을 할 수 있게 만드는 것이 최우선 목표였습니다.

그러나 5년째가 되자 요리사들의 사정으로 한팀, 두팀이 줄어들어 점심 영업시간 또한 현저히 줄어들고 말았습니다. 무엇보다 가장 힘들었던 것은 손님을 불러 모으는 일이었습

니다. 주택가의 귀퉁이에 있어 장소를 찾기 어렵고, 점심 영업일이 비정기적이며, 무엇보다 존재 자체를 모르는 등 예상할 수 있는 나쁜 조건을 모두 가지고 있었습니다. 또한 고정손님인 지역주민들을 확보하지 못했고, 각각의 요리사를 따르는 손님 중심으로만 운영되었기 때문에 수익성을 유지하는 것이 어려웠던 게 아닌가 하고 반성했습니다. 요리사 지원자에게도, 식사하러 오는 손님에게도, '일일요리사가 제공하는 점심식사'의 장으로서 수요가 없는 게 아닐까 하고 생각하기 시작했습니다.

그런 가운데에서도 마지막까지 9년에 걸쳐서, 자신의 밭에서 재배한 메밀가루를 사용하여 수타면을 제공해주었던 '소바공방 노자와야(野澤屋)'도 결국 월 1회로 횟수를 줄이게 되었습니다. 그 후로도 계속 찾아주시는 단골손님들을 위해 어떻게든 '수타면 런치'를 이어나갔지만, 2017년이 되자 끝내 폐점할 수밖에 없었습니다.

결국 현재의 점심영업은 '매주 금요일은 카레요일♪'로, 그레이스 공방에서 건강카레만 제공하고 있습니다. 그레이스 공방은 NPO법인의 취업지원사업으로 카레를 판매하고 있지만 직영점을 가지고 있기 때문에 자화자찬은 카레만 구매하여 런치세트로 제공하며 홍보하고 있습니다.

이용자의 요구에 다가가는 역할

한편, 개점 직후부터 이용자의 요청으로 세심하게 신경써온 '가요살롱♪'이 자리잡기 시작했습니다. 처음에는 거의 가족처럼 아는 사람만 모여서 피아노 반주도 없이 손으로 적은 노래책자를 만들어가던, 수다가 중심이었던 살롱이었습니다. 처음에는 월 1회였던 것이 2회가 되고, 3회로 늘었으며, 현재는 기타 반주의 포크카페를 포함하여 월 4회가 되었습니다. 참가자도 처음에는 7~8명으로 시작했으나 13년이 지난 현재는 20명 정도가 오시기 때문에 거의 만석일 정도로 성황을 이루고 있습니다.

개점 당시부터 점심시간 이외에 '사랑방사업'으로서 이런 방법도 사업계획에 포함되어 있었지만, 사업의 기둥이 될 정도의 성장은 예상치 못했습니다. 특별히 정해진 용도가 있었던 것은 아니었지만 왜인지 가게 한구석에 피아노가 처음부터 놓여 있었습니다. "모처럼 피아노가 있는데 연주해

줄 수 있는 사람이 있으면 좋겠다. 연주비는 주기 힘드니 자
원봉사를 해줄 사람을 찾아보자"라고 생각했습니다.

　다행히 Y사의 OB에서 취미로 편곡 등을 하고 있는 사람
에게 부탁할 수 있었습니다. 그가 직접 편곡한 곡이 20곡 정
도 들어 있는 반주 노래책도 준비하자 참가자도 단번에 20
명 안팎으로 늘었습니다. 그 참가자들의 요청으로 사업을
여는 횟수가 월 2회로 늘어났고, 새로운 피아노 강사로부터
협력 제의가 들어와 월 3회가 되었습니다. 물론 참가자 모
두가 대환영했습니다.

　초대 피아노 반주자 A씨는 만 9년 동안에 걸쳐서 지금의
토대를 마련해주었고, 2016년 말에 아쉬워하며 은퇴하게 되

었습니다. 그 후에도 사정이 있어 두 번이나 강사가 교체되었지만 다행히도 그때마다 문제없이 후임자가 넘겨받아 지금도 이어지고 있습니다.

또한 2016년 4월부터 시작한 기타 반주 '포크카페♪'도 이미 3년째에 들어서고 있습니다. 매월 넷째 주 금요일 오후, 기타반주로 '그 시절'의 아련했던 노래를 부르기도 하고, 차를 마시기도 하며, 추억의 이야기꽃을 피우며 가요살롱과는 또 다른 분위기 속에서 여유로운 시간을 즐기고 있습니다. 지금까지는 방관하고 있던 가족이 정년퇴직을 계기로 본인이 꿈꿔왔던 활동을 시작한 것입니다.

'가요살롱♪'을 중심으로 생겨난 커뮤니티가 꾸준히 성장하고 있습니다. 차츰 돌아가면서 점심 모임을 기획하는 것 외에도 교류가 확대되고 있어 '지역 만들기'라는 당초의 구상대로 진행되는 셈입니다.

또한 그림편지 교실도 이미 10년째입니다. 참가자도 다소 바뀌긴 했지만 매번 즐겁게 왁자지껄 수다를 떨며 좋은 시간을 보내고 있습니다. 그림편지 교실은 오전에 열리기 때문에 가게에서 간단하게 만든 런치를 제공합니다. 물론 그 점심시간 또한 귀중한 교류시간이 되고 있습니다.

또한 개점 초반에 시작하는 'PC살롱♪(컴퓨터 교실)'도 13년째입니다. '곤란함 해결!'을 모토로 사람들의 의문과 문제를 해결해주는 장소를 연 것입니다. 자기 나름의 과제를 매번 들고 오는 사람도 있고, 한 번 만에 해결해 버리는 사람도 있습니다. 참여하는 인원은 적지만 차와 휴식을 포함하여 여유로운 시간 속에서 즐겁게 배우는 자리가 되었습니다. 처음에는 60대였던 강사 선생님도 이미 80대가 되었지만 여전히 건강하시고, 이 강의를 계기로 더욱 공부를 해서 어떤 질문에도 부드럽고 정중하게 대응해주고 있습니다.

현재 상황은 당초 생각했던 그림과는 다소 다릅니다. 그러나 목표로 했던 '내게 있어 아늑하고 좋은 커뮤니티 장소 만들기'라는 큰 목표로 향하고 있음을 실감하고 있습니다. 제가 '이렇게 하고 싶다, 이렇게 되면 좋겠다!'라고 생각하는 것과, 이용하시는 분들이 '이런 일을 하고 싶다, 이런 곳이라면 가고 싶다'가 잘 연결되어 열매를 맺어가고 있음을 느끼고 있습니다.

저희 '자화자찬'을 늘 찾아주시는 손님들 덕분에 항상 이곳에서의 역할을 배우고 재인식할 수 있었습니다. 당초 사업의 기둥으로 생각했던 '커뮤니티 레스토랑'에서 이용자의 요구에 따라 '커뮤니티 공간'으로서의 역할로 길을 바꿨지만 추구하는 목적은 변하지 않았으며, 계속해서 앞을 향해 나아가고 있습니다.

지금까지의 '가요살롱♪'이나 'PC살롱♪', 그림편지 교실 외에도 10주년 감사 이벤트를 인연으로 시작된 '자화자찬 만담장'도 자리를 잡게 되어 이제 제3회를 맞이하고 있습니다. 특정 그룹의 회의나 회식 등을 하는 일회성 장소로 이용하거나, 커뮤니티 공간으로서의 활용하는 방안을 중심으로 다양한 요구에 유연하게 대응해 나갈 생각합니다.

이것을 '진화'라고 부를 수 있는지는 모르겠지만, '이용자가 원하고 선택하고 성장시킨 것'이 지금의 '자화자찬'을 만들었다고 생각합니다. 손님들과 지역사회가 필요로 하는 한 계속 이어나가는 것, 그리고 이용자의 요구에 따라 그 길을 함께 걸어가는 것이 '자화자찬'의 사명이자 역할이라고 생각합니다.

'쉐어키친'이라는 또 다른 관점

최근에는 '쉐어오피스', '쉐어하우스', '쉐어카' 등 '부담 없이 편리하게 공유해서 사용하자'라는 생각이 주목받기 시작하고 있습니다. 그래서 커뮤니티 레스토랑의 일일요리사 시스템도 '쉐어키친'이라고 할 수도 있겠다는 생각이 들었습니다. '일일요리사 모집' 대신 '쉐어키친'이라고 하면 완전히 다른 관점에서 흥미를 가져주지 않을까 하여, 몇 년 전부터 블로그와 전단지에 '쉐어키친'이라는 용어를 사용하기 시작했습니다.

사실 지금까지도 보통 점심영업 외에 매크로바이오틱[9] 요리교실이나 고등학생이나 아이들의 취업 체험인 카페 영업,

---

9) 매크로바이오틱이란 Macro(큰)+bio(생명)+tique(기술)이 합쳐진 단어이다. 직역하면 큰 시야로 생명을 보는 기술이란 뜻으로, 장수를 위한 이론과 방법을 뜻한다. 매크로바이오틱은 올바르게 먹는 방법을 알려주는 학문으로, 자연과 우리의 몸이 하나라는 노자의 자연사상에 뿌리를 두고 있다(역자 주).

자메이카 셰프가 여는 자메이카 점심모임, 지역모임의 점심 식사 등의 장소로서 이용되고 있었습니다. 그러고 보니 신부수업 요리교실과 국수 만들기 체험 등도 있었습니다. 이미 '쉐어키친'이라 말할 수 있었던 셈입니다. '주방이 있는 커뮤니티 공간'으로서의 장점을 살려서, 함께하는 식사의 장, 체험의 장으로서의 쉐어키친으로 활용해 나가고자 합니다.

한 달에 한 번 선술집, 10주년 90회를 돌아보며

발단은 2007년 3월에 일어난 '노토반도(能登半島) 지진'이었습니다. 몇 군데의 양조장이 피해를 입었다는 것을 알게 되었고, '기꺼이 지원하자'라는 제안을 받아서 협찬을 시작했습니다. 그 일환으로 4월부터 노토의 지역술 모듬세트와 재료를 판매하는 이벤트를 개최하게 되었습니다. 술 판매는 술집 주인의 협력이 필요하기 때문에 아는 주점에 협력을 부탁했습니다. 그 인연으로 그해 11월, '자화자찬'에서 제1차 '선술집'이 시작되었습니다.

시즈오카(静岡) 원산지인 구라모토(蔵元)지역 술과 노토지역의 술을, 그 지역 식재료를 중심으로 요리해서 함께 맛보자! 라는 모임이었습니다. '자화자찬' 소속의 젊은 아마추어 요리사가 만든 가정요리였지만 신선하고 맛있는 재료와 지역술 덕분에 분위기가 매우 좋았습니다. 그 후 매월 1회씩, 정기적으로 개최하기로 하고 '한 달에 한 번 선술집'이라는 이름을 붙였습니다. 그로부터 5년 동안 한 번도 쉬지 않고 60

회를 맞이했습니다. 그러던 중 2011년 3월에는 동일본 대지
진이 발생했고, 도호쿠지역 양조장의 피해 소식이 들리면서
'기꺼이 지원하자'의 도호쿠지역 버전을 시작했습니다.

그러나 매달 선술집 요리를 부탁할 사람을 찾고, 메뉴를
결정하고, 재료를 준비하고, 행사 당일을 준비하고 또 정리
하고, 참여자와 손님을 모집하는 일 등으로 부담이 커지고
있었습니다. 그래서 제61회 이후에는 두 달에 한 번씩, '격월
선술집'으로 다시 시작하게 되었습니다. 요리사도 매회 정
해진 사람이 내용 준비를 함께하게 되면서 부담이 크게 줄
어들었습니다.

이후 5년간, 30회 동안 한 번도 쉬지 않고 열려서 2018년
7월에는 총 90회를 맞이했습니다. 참가자도 지금은 거의 단

골손님으로, 정원 20석이 바로 채워질 정도로 정착되었습니다. 참가자들의 얼굴은 초창기와는 다소 바뀌었지만, 낮과는 또 다른 커뮤니티의 장, 남녀노소가 모이는 교류의 장으로서 다음 목표인 100회를 향해 나아가고 있습니다. 매번 술집 주인이 세 종류의 술을 추천하는데, 계절에 맞는 지역의 명주를 순서까지 고려하여 선택해줍니다.

당연하겠지만 일본주에 대한 고집과 깊은 지식도 단골 참가자들을 만족시키고 있습니다. 가장 매력적인 것은 많은 지식과 경험을 가진 전문주점만의 선택 기준과 정보 제공인 것은 말할 것도 없습니다. 기회가 있을 때마다 술집 자체 이벤트로 양조장 견학회를 열거나 양조장 회장과 술 만드는 사장 등을 게스트로 초대해 팬의 마음을 단단히 붙잡고 있습니다.

요리의 경우는 지금까지 프로와 아마추어를 불문하고 다양한 사람들에게 요리사를 부탁해왔지만, 지금은 몇 년 전까지 호텔 주방장까지 지냈던 전직 프랑스 요리사와 건강식을 제공해주는 프리랜서 요리사가 교대로 담당하고 있습니다. 물론 지역 농산물을 고집하고, 술에 어울리는 요리를 고심하고 있습니다. 덕분에 매번 만족스러운 요리를 제공받고 있습니다. 여기 하마마쓰(浜松)시 주변은 좋은 기후 덕분에 채소·과일은 물론이고 해산물·축산물까지 현지 식재료가 풍부하고 신선하고 맛있습니다. 이러한 환경도 식당의 운영에 빼놓을 수 없는 중요한 요소입니다.

앞으로의 10년, 나 자신을 위한 장소로서

초반에 목표로 삼았던 '20년 후 자신을 위한 곳'에 도달하기까지 앞으로 얼마 남지 않았습니다. 하지만 즐겁게 이용해주시는 여러분 덕분에 저 자신에게도 아늑한 장소로 만들 수 있었습니다. 앞으로의 10년 후면 저도 70대 후반이 됩니다. 그때는 운영하는 쪽이 아니라 이용하고 싶은 쪽이 되어 있을 겁니다. 그렇게 되면 그때쯤에는 누가 식당을 어떻게 기획하고 유지하며 운영하고 있을까, 하는 생각이 듭니다.

개인자산으로, 개인사업으로 시작했기 때문에 계승할 사람을 어떻게 키울 것인가가 과제입니다. 물론 제 스스로가 건강한 이상 계속하고 싶고, 앞으로도 건강할 거라 믿고 있지만 인생의 종점으로 진입하는 나이가 되면 어쩔 수 없겠지요. 누구에게 어떻게 마음을 담아 바톤을 넘길지를 생각하며 달리고 있습니다.

자화자찬(てまえみそ)

- **주소:** 〒430-0904 시즈오카현 하마마쓰시 나카구 나카자
  와쵸 65-15(静岡県浜松市中区中沢町65-15)
- **전화 및 FAX:** (053)475-1516
- **E-mail:** temaemiso@hamazo.tv
- **HP:** http://temaemiso@hamazo.tv
- **대표(관리인):** 토미타 히사에(富田久惠)
- **정기 휴일:** 목요일·일요일·공휴일·비정기휴무
- **식사:** 매주 금요일 카레요일 800엔, 격월 셋째주 금요일
  밤 선술집(3,500엔~4,500엔)
- **정원:** 20석

토미타 히사에(富田久惠)

1951년 시즈오카현 후쿠로이(袋井)시 출생. 26년간 근무한 회사를 조기 퇴직하고 1998년 NPO 인턴십 프로그램과 1999년 국제교류기금 미·일센터 원정대에서 연수를 받았다. 귀국 후 2001년 NPO법인 액션시니어탱크를 설립했으며 2016년 해산할 때까지 대표이사를 지냈다. 2004년 하마마쓰 사업계획 컨테스트 우수상을 수상했다. 2005년 10월 커뮤니티 레스토랑 '지역의 사랑방 자화자찬'을 오픈하였다. 하마마쓰시에 거주하고 있다.

벚꽃카페(さくら Cafe)

지역의 음식 고민을
해결하기 위한
관리영양사의 노력

- 신노 카즈에

시작은 벚꽃진료소였다

- 지역에서의 활동이 세계로 이어지는 커뮤니티 레스토랑을 목표로 -

2001년 관리영양사[10]로 의료법인 벚꽃진료소에 취직했습니다. 국제협력, 환경문제, 유기농업 등 모든 것은 여기에서 시작되었습니다. 의료기관과는 그다지 관계없다고 생각되는 이러한 활동들에 적극적으로 임하는 요시다 오사무(吉田修) 의사가 있는 곳이 여기 벚꽃진료소입니다.

도쿠시마현 요시노가와시 야마카와쵸에서 10년 동안 근무한 이 진료소에서 2011년에 뛰쳐나온 뒤, 합동회사 플랜비(PlanB)의 일원이 되어 커뮤니티 레스토랑 '벚꽃카페'를 시작했습니다.

아프리카에서 얻은 경험

진료소에 근무하고 있던 10년 동안 다양한 경험을 시켜달라고 했습니다. 그래서 의사인 요시다 씨가 오랫동안 노력하고 있는 남아프리카 잠비아에서 NPO법인 티코(TICO)의 직원으로 1년여 동안 국제협력활동에 참여하였고, 이 경험을 살려서 이후에는 청년해외협력대 영양사 대원으로 서아프

---

10) 관리영양사(administration nutritionist, 管理營養士)란 영양사가 행하는 업무 중에서도 좀 더 심화된 과정을 다루는 영양사를 말한다. 일반적인 영양사 국가 시험은 물론이고 여기에 사회복지와 사회심리학, 경영관리, 급식관리 등의 과목이 추가된 시험을 통과해야 관리영양사 자격을 얻을 수 있다. 급식관리를 넘어 경영관리까지 가능한 전문가로서의 역할을 담당한다(역자 주).

리카에 있는 나라 니제르에서 2년간 일하기도 했습니다. 이렇게 다양한 국가를 다니면서, 빈곤 때문에 힘들어하는 아프리카의 상황을 목격했습니다. 그 배경에는 지구 온난화로 인한 기후 변화가 있었습니다. 이런 온난화의 원인이 우리의 편리한 생활과도 무관하지 않았음을 알게 되었습니다.

그렇기에 귀국 후 진료소에 복직한 뒤에도 아프리카 사람들을 위해 할 수 있는 일이 없을까 하고 생각했습니다.

영양사, 밭에 가다

의사인 요시다 씨는 질병 치료와 예방에는 식사가 중요하니, 그만큼 관리영양사의 역할이 크다고 했습니다. 벚꽃진료소는 침대가 19개밖에 되지 않는 작은 병원이지만, 당시 저를 포함하여 3명의 영양사가 있었습니다. 입원 환자에게 제공하는 식사도 농약투성이의 재료를 사용하면 모순이기에 요시다 씨 스스로가 무농약 무화학비료로 채소를 재배하고 있습니다.

'영양사도 밭에 가라! 채소를 알아라!'라는 마음가짐으로 우리도 요시다 씨의 밭에서 안전하고 안심하며 먹을 수 있는 채소를 수확했습니다. 질병의 예방과 건강 유지 및 건강 증진에 이바지하고자 노력했습니다. 그러니 환자는 물론이고 지역주민도 안전한 채소를 안심하고 맛있게 먹어줬으면 좋겠습니다.

이곳은 나의 소중한 장소,
지역을 위해 도움이 되고 싶다

진료소에서는 외래 환자에게 식사와 영양에 대해 이야기하는 경우도 많았습니다. 그러나 이야기한 것을 환자가 실천하는지 어떤지는 알 수 없었습니다. 때문에 내가 하고 있는 일이 지역주민들에게 도움이 되고 있는지 매일 고민했습니다. 진료소에서 환자를 기다릴 뿐만 아니라 더욱더 지역에 나가는 것이 좋지 않을까라는 생각으로 지역건강교실과 요리교실에도 적극 참여하게 되었습니다. 저는 야마카와쵸 지역주민은 아니지만, 진료소 취업 이후 하루의 대부분을 이곳에서 보내고 있기 때문에 저에게는 매우 중요한 장소입니다. 영양사로서 지역주민들의 건강한 일상생활에 조금이라도 도움이 될 수 있으면 좋겠다고 생각했습니다.

하고 싶은 일이 한가득!

아, 난처했습니다. 아프리카의 빈곤, 환경문제, 밭농사, 지역주민의 건강 등 다양한 경험을 한 가운데 여러 가지를 생각하게 되었습니다. 하고 싶은 일들이 한가득이었습니다. 게다가 각각 흩어져 있는 것들을 어떻게 연결하면 좋을지, 관리영양사로서의 방향성을 고민한지도 여러 해입니다. 해결의 실마리를 찾지 못한 채로 다양한 것들에 도전했던 날들, 그때 '커뮤니티 레스토랑'과 만나게 되었습니다.

점을 선으로, 선을 면으로
생각을 만든 커뮤니티 레스토랑과의 만남

　2010년 여자영양대학에서 개최된 제57회 영양개선학회에서 세코 카즈호 씨의 강연을 우연히 들었습니다. 커뮤니티 레스토랑이야말로 점처럼 흩어져 있던 '내가 하고 싶은 것'을 한 개의 선으로 이어서 '생각'을 만들 수 있다고, '음식'의 전문가인 영양사로서 지역에 공헌할 수 있는 방법이라고 강하게 느꼈습니다.

　저에게 소중한 지역의 커뮤니티 레스토랑에서 음식과 조리의 기본인 에코 쿠킹(eco-cooking)을 실천하여 안심하고 사용할 수 있는 안전한 재료들로 영양의 균형을 고려한 식사를 제공하는 것입니다. 그러면 영양사로서 지역주민들의 건강한 식생활에 도움이 되고, 환경문제도 해결할 수 있습니다.

직접적이지는 않지만 돌고 돌아 아프리카의 빈곤문제 해결에도 도움이 될 수도 있지 않을까 생각합니다. 어느 작은 시골 마을에서의 노력이 세계에도 연결되는 것은 아닐까 하고 말입니다. 커뮤니티 레스토랑을 하고 싶다! 커뮤니티 레스토랑을 하자! 현실적으로 상황을 움직이기 시작했습니다.

합동회사 플랜비(PlanB)를 설립하다

오랫동안 신세 진 진료소를 나올 때가 되었습니다. 의료법인의 틀에 얽매이지 않고, 더 다양한 활동을 하고 싶어 하던 진료소 직원이 2011년 3월에 합동회사 플랜비를 시작했습니다. 같은 해 6월, 저도 병원을 은퇴하고 플랜비의 일원이 되었습니다.

기존의 경제적 효율성을 최우선으로 해온 지금까지의 우리 생활방식을 플랜 A라고 한다면, 지구 환경을 소중히 하는 순환형 라이프스타일을 플랜 B로 제안하여 실천하는 것이 플랜비의 설립목적입니다. 이 이름은 미국의 환경 운동가 레스터 R. 브라운의 대표적인 저서 〈플랜 B〉에서 따온 것입니다.

플랜비는 사무부서·유기농업(벚꽃농장)·커뮤니티 레스토랑 부서(벚꽃카페) 등 총 3개 부서로 구성됩니다. 저는 커뮤니티 레스토랑 부서의 책임자가 되어 플랜비의 후쿠시 요우지 (福士庸二) 대표와 상담하면서 커뮤니티 레스토랑 출시 준비를 시작했습니다.

커뮤니티 레스토랑을 출시하다

커뮤니티 레스토랑을 시작하기 전에, 먼저 어디서 할 것인가 고민했습니다. 빈 점포 등 기존의 건물을 사용할 것인지, 아니면 신축할 것인지를 놓고 장고를 거듭한 끝에 결국 벚꽃진료소의 부지에 커뮤니티 레스토랑을 건축하기로 결정했습니다. 2층 건물을 세워서 1층은 커뮤니티 레스토랑 공간으로, 2층은 플랜비 사무소와 벚꽃진료소 직원휴게실로 사용하기로 했습니다. 커뮤니티 레스토랑의 손님 자리는 20석 규모가 적정하다고 생각했으며, 주방은 진료소에서 일했던 주방 경험을 살려서 필요하다고 생각하는 장비는 고가라도 무리해서 매입했으며, 기기 등의 배치도 동선 등을 생각하면서 결정해나갔습니다.

2012년 6월부터 건축 공사가 시작되었습니다. 시공사 직원과의 미팅도 종종 있어서 결정해야 할 일은 많았습니다. 그렇지만 그만큼 모르는 것도 많아 후쿠시 대표를 의지했습니다. 결정된 사항을 나중에 변경하는 일도 여러 번 있었습니다. 조리도구와 식기류, 객석의 책상과 의자, 음향시설, 계산대 등 연달아 결정해야 할 것들이 쏟아져 나왔습니다. 지금 생각하면 필요 없었던 일도 약간은 있지만, 당시에는 무엇이 정말 필요한 것인지를 잘 몰랐습니다.

점포 이름은 여러 가지를 생각했지만 벚꽃진료소 부지에 있었고, '벚꽃'이라는 단어가 귀에 익숙하기 때문에 알기 쉬울 것 같아 '커뮤니티 레스토랑 벚꽃카페'로 정했습니다. 덧붙여 '벚꽃카페'의 로고는 커뮤니티 레스토랑 설립 당시의 직원이었던 K씨가 직접 손으로 로고를 그린 뒤 전문적으로 디자인해준 것입니다.

순식간에 시간이 지나 9월 말, 무사히 건물이 완성되어 인도받았습니다. 건물은 생각보다 큰 느낌이었습니다. 훌륭한 건물을 만들어주셔서 진심으로 감사했습니다. 솔직히 말하자면 시작하기 전에 "커뮤니티 레스토랑을 하고 싶다!"라는 기분과는 정반대로, 엄청난 압력과 불안을 느꼈습니다.

시행착오의 1년 차, 인내의 2~3년 차

드디어 '벚꽃카페'의 영업이 시작되었습니다. 2012년 10월 11일부터 벚꽃진료소 직원 한정으로 식사를 제공하기 시작했습니다. 2개월여 동안 오직 직원식사만 제공하였기 때문에 언제쯤 지역주민 대상으로 오픈할지 많은 기대를 받았습니다.

마침내 2012년 12월 13일, '벚꽃카페'부터 먼저 오픈했습니다. 새해를 맞이하면서 2013년 1월 7일부터 점심영업을 시작했습니다. 2월부터는 배식서비스도 시작해 보았습니다. 외부광고도 하지 않고 손님도 적은 상태에서 영업시간,

메뉴 내용, 직원배치 등을 재검토하는 경우도 많았습니다. 이벤트에도 출점하는 등 어찌되었던 할 수 있는 것은 해보던 시행착오의 1년이었습니다.

'벚꽃카페'는 벚꽃진료소 직원 식단을 제공하고 있었기 때문에 적지 않은 기본소득이 있었습니다. 거기다 합동회사의 형태를 취하고 있었기 때문에 다른 부서에서 매출이 적은 '벚꽃카페'를 지원하는 것으로 어떻게든 1년째를 넘겼지만 경영적으로는 매우 어려운 상황이었습니다. 2년째부터는 입소문을 타고 조금씩 손님이 오게 되었습니다. 아프리카와 아시아에서 온 연수생들이 연수 장소로 활용했고, 국내외에서 활동하는 분들을 초대하여 강의실로 이용하기도 했습니다. 이런 다양한 시도 덕분에 그럭저럭 견딜 수 있었습니다.

3년째가 되자 배식서비스가 입소문을 타기 시작했습니다. 개호보험의 배식서비스사업자 목록에 오른 뒤부터는 가족이나 개호지원전문원(care manager)으로부터 문의가 오기 시작했습니다. 벚꽃진료소의 소개로 도시락 배달을 요청하는 수요도 늘어났습니다. 매장은 날짜에 따라 차이가 있었지만 예전처럼 손님이 아무도 오지 않는 날은 크게 줄었습니다.

4년째도 같은 상황이었지만, 5년째부터 도시락 배달이 늘어났습니다. 그러자 그전까지 하루에 50~60세트였던 것이 70~80세트로 증가했습니다. 단골손님도 많아졌고, 일주일에 몇 번씩 점심이나 도시락을 이용해주는 사람도 늘었습니다. 2017년 11월에는 드디어 전국 커뮤니티 레스토랑 동료를 초대하는 '커뮤니티 레스토랑 포럼 in 도쿠시마'도 개최할 수 있었습니다.

'벚꽃카페'의 현재 상황은

이 글을 쓰는 2018년 7월, '벚꽃카페'는 현재 6년째에 진입했습니다. 현재 '벚꽃카페'가 하고 있는 일은 11가지입니다. ① 점심 영업, ② 도시락 배달, ③ 배식서비스, ④ 벚꽃농장의 채소 판매, ⑤ 대여 박스, ⑥ 앤트하우스(anthouse)의 쌀가루 빵 판매, ⑦ 강좌 개최(요가 강좌, 요리 강좌, 일본식 세줄 기타인 샤미센 강좌 등), ⑧ 공간 임대, ⑨ 회의실 대여, ⑩ 벚꽃카페 통신,

⑪ 블로그 업데이트 등입니다.

직원은 정규직 2명, 파트타임 4명, 아르바이트 2명으로 구성되어 있으며, 영업시간은 11시~14시로 정기휴일은 매주 일요일입니다. 2017년도 매출은 월평균 110만 엔 정도입니다. 수지를 보면 유감스럽게도 2017년에도 적자를 기록했습니다. 카페 단독으로는 매우 어려운 영업상황이 계속되고 있지만 다른 부서의 지원에 힘입어서 어떻게든 유지하고 있었습니다.

매출의 대부분은 도시락과 점심으로, 전체 식사인원은 80~90식입니다. 이 중 배식서비스의 도시락이 60식 전후, 벚꽃진료소 직원식사가 10식 전후, 매장에서 판매하는 도시락이 10식 전후, 점심영업이 10식 전후로, 뜻밖에 도시락의 수요가 높은 것으로 나타났습니다.

벚꽃농장은 플랜비의 유기농업 부문에서 무농약 무화학 비료로 재배한 채소를 매주 월, 수, 금요일에 판매하고 있습니다. 물론 카페에서 사용하는 식재료도 이 벚꽃농장의 채소를 중심으로 사용하고 있으며, 부족한 것은 인근 농가의 채소를 사용하고 있습니다. 조미료 등도 가능한 한 지역을 중심으로 "오사와 재팬과 생활협동조합 자연파"의 것을 사용하고 있습니다. 재료는 안심하고 사용할 수 있는 안전한 것을 사용합니다. 커뮤니티 레스토랑에서는 당연한 일입니다.

앤트하우스는 원래 야마카와쵸 내에서 취업지원 B형사

업소에서 실시하고 있던 쌀가루 빵을 제조하여 판매하는 곳이었습니다. 2014년 8월에 폐점할 때 카페가 이어받아서 지금은 카페의 쌀가루 빵 제조 부서로 이용하고 있습니다. 매주 목요일에 제조하고, 카페 매장에서 판매합니다. 쌀가루 100%로 밀가루의 글루텐, 계란, 우유, 유제품을 사용하지 않아, 쫀득쫀득한 식감이 특징인 빵입니다. 밀가루 알레르기가 있는 어린이와 손자가 있는 분들로부터 문의를 받기도 합니다.

강좌 등은 그다지 많이 개최하지는 않지만 요가 강좌·요리 강좌·샤미센 강좌는 매월 1~2회씩 실시하고 있습니다. 작품 전시 공간 임대는 무료이고, 카페를 회의실로 사용하는 것은 유료입니다. 그러나 지금은 별로 사용되고 있지 않습니다.

카페 통신은 카페 회원을 위해 매월 발행하는 우편물입니다. 2013년 2월에 제1호를 발행했고, 2018년 7월자로 66호를 기록했습니다. 홈페이지는 기본 정보를 게재하고, 블로그와 페이스북은 매일 업데이트하여 카페 정보를 올리고 있습니다.

카페는 50~60대 여성이 중심입니다. 노인부부세대, 진찰하러 온 할머니와 함께 온 딸, 진료소에 입원한 환자의 보호자, 아이를 데려온 엄마 등 다양한 분들이 이용하고 있습니다.

남은 과제와 향후 계획

커뮤니티 레스토랑 '벚꽃카페'를 시작할 때부터 길고 가늘게 이어나가고 싶었습니다. 직원이 자원봉사자가 아니라 월급이 제대로 나오는 직원으로 일하기를 바랐고, 직원이 그 월급으로 생활할 수 있는 커뮤니티 레스토랑으로 만들고자 했습니다. 자원봉사자들의 마음과 선의만으로는 오래가기 어렵기 때문입니다.

앞으로의 과제가 많이 있지만, 카페를 계속 운영하기 위해서는 우선 직원의 근무체재를 개선해야 합니다. 오픈 출근은 새벽 3시, 주간 근무가 아침 7시, 늦은 출근은 10시. 매장 서빙 직원은 10시 반 출근이고, 바쁠 때는 9시에 주방 헬퍼로 들어갑니다. 14시 폐점 후에 뒷정리를 하면 대체적으로 15시에 퇴근할 수 있지만 어쨌든 아침이 매우 바빠서, 오

픈조 직원들의 부담이 매우 큽니다. 오픈 근무자와 주간 근무자 모두 초기 멤버로서 열정과 책임감이 강합니다. 하지만 이것만으로는 다음을 이어가기 어렵고, 카페를 오랫동안 계속해나갈 수도 없습니다. 누구나 무리 없이 일할 수 있고, 특정한 사람에게 부담이 치우쳐지지 않도록 하는 근무체제 구축이 시급합니다. 그리고 그 다음을 이어나갈 수 있는 직원을 육성하는 일도 반드시 필요한 일입니다.

두 번째는 가격입니다. 2018년 기준으로 도시락의 가격은 세금을 포함해서 1식 500엔, 점심은 750엔입니다. 하지만 2019년에는 소비세가 오르니 그에 따라 도시락 가격 인상도 생각하지 않을 수 없습니다. 재료비는 벚꽃농장의 채소 덕분에 거의 0엔이지만, 씨앗과 비룟값은 물론, 인건비 등 추가적으로 들어가는 비용에 의해 원가가 결정됩니다. 다른 재료와 조미료도 안심하고 사용할 수 있는 것을 고르기 때문에 아무래도 나름대로의 비용이 소요됩니다.

음식 수가 증가했기 때문에 직원도 늘어나 인건비도 올랐습니다. 배식서비스는 배송료 등이 추가되어 있지 않지만, 배달 건수가 늘어나면서 조금 떨어진 지역에도 배달하게 되었기 때문에 연료비와 인건비도 만만치 않습니다. 가격 인상도 고려할 수밖에 없습니다.

세 번째는 카페로서의 방향성입니다. 현재 도시락 매출이 많은 반면, 매장에서 점심 매출은 그리 많지 않습니다. 가게를 연다는 것은 상당한 노력이 필요합니다. 차라리 도시락 판매로만 영업하고 매장은 지역교류의 거점으로서 공간을 활용할 수는 없을지, 도시락 사업을 더욱 확대하는 등의 일도 생각했습니다. 커뮤니티 레스토랑은 지역교류의 공간이지만, 저희는 아직 거기에 이르지 못하고 있습니다. 그래서 이제부터는 거기에 힘을 줄 필요가 있다고 생각합니다.

커뮤니티 레스토랑이 이곳저곳에 개설되기를 바라며

상황은 쉽지 않고 과제도 많습니다. 쉬운 일이 아니기 때문에 섣불리 커뮤니티 레스토랑 출범을 추천하기 어렵습니다. 그래도 다양한 커뮤니티 레스토랑이 각 지역에 늘어나 뿌리를 내리면 좋겠다고 생각합니다. 음식을 통해 지역이 가지고 있는 다양한 과제를 해결할 수 있기 때문입니다.

'벚꽃카페'는 영양사가 함께하기 때문에 음식을 메인으로

한 지역사회의 먹거리 문제해결에 도움이 된다고 생각합니다. 그러나 지역이 갖고 있는 과제는 그것만이 아닙니다. 하나의 커뮤니티 레스토랑이 모든 것을 커버할 순 없지만, 몇 군데의 커뮤니티 레스토랑이 힘을 모아서 그들이 할 수 있는 일들을 해나갔으면 좋겠습니다.

커뮤니티 레스토랑을 시작하는 분들에게 감히 조언한다면, 키 퍼슨(Key person, 중심 인물)이 있어야 한다고 말씀드리고 싶습니다. 나에게 있어서 후쿠시 대표나 요시다 의사와 같은 존재들, 지금은 함께 주방을 꾸려나가는 오카다(岡田) 조리사가 키 퍼슨입니다.

한편, 배식서비스 등을 생각한다면 지역의 의료시설과 복지협의회, 영양사 등과 연계하는 것이 좋습니다. 지역의 농가와 친해지면 재료 조달도 쉬워집니다. '벚꽃카페'가 있는 야마카와쵸에는 밭농사를 짓는 사람도 많습니다. 채소 등을 나눠주는 양이 많습니다. 물론 회사 내에 유기농업 부서가 있는 것도 강점입니다.

'벚꽃카페'는 지역에 수요가 있기 때문이라기보다는, '해보고 싶어서 해봤다'라는 측면이 컸습니다. 그러나 지역에 전혀 필요 없지는 않았습니다. 지역을 지탱하는 하나의 거점으로서, 그리고 지역에서 세계를 연결하는 위치가 되기 위해서, '벚꽃카페'는 가늘고도 길게, 오래도록 계속하고 싶습니다.

벚꽃카페(さくらcafe)

- 주소: 〒779-3403 도쿠시마현 요시노가와시 야마카와쵸 마에카와 212-6(徳島県吉野川市山川町前川212-6)
- 전화 및 FAX: 0883-42-5268
- E-mail: sakuracafe@planb-jp.com
- HP: https://www.comires-sakuracafe.jp/
- 영업일: 월~토(휴무 일요일, 연말연시)
- 영업시간: 11시~14시
- 대표자 및 운영 형태: 신노 카즈에(新野和枝)(합동회사)
- 식사의 특징과 가격: 벚꽃농장을 비롯해 현지에서 수확한 채소를 사용하며, 관리영양사가 영양 균형에 신경을 쓴 점심식사를 제공한다. 1식 750엔(세금 포함)이다.

신노 카즈에(新野和枝)

 1978년 도쿠시마에서 태어나 카나가와에서 자랐다. 대학 진학을 계기로 도쿠시마에 돌아왔다. 아와오도리(阿波踊り)[11]와 오키나와, 아프리카를 각별히 사랑하며, 노래하고 춤추는 영양사이며 기혼자이다. 이해심 깊은

---

11) 도쿠시마시의 아와오도리(阿波おどり)는 8월 중순에 있는 일본의 추석, 오봉 기간에 열리는 민속 무용 축제이다. 일본의 많은 춤 축제 중에서도 가장 유명한 것으로 알려져 있다.

남편 덕분에 집안일을 거의 맡겨놓고, 커뮤니티 레스토랑 운영에
전념하고 있다. 특기는 샤미센 연주이다. 기타를 연주하는 남편과
그룹을 결성해 지역 행사 등에서 때때로 연주하고 있다.

빈터 카페(原っぱ カフェ)

지역에
뿌리를 두고
지역을 넘나드는
연대를
- 우라타 류우지

먹은 사람이 스스로 가격을 결정합니다

- 빈터 카페, '좋아요! 먹은 사람이 부르는 값을 내는 식당'을 시도하다 -

"요리는 뷔페 형식입니다. 앞 테이블에 여러 가지 음식이 있으니, 아무쪼록 자유롭게 드세요. '음식값 상자'라는 상자가 요리 옆에 있으니, 음식을 드신 후에 드신 양과 만족도에 따라 직접 가격을 결정하셔서 넣어주세요. 저희 가게의 직원이 지불하는 금액을 확인하지 않으므로 부담감을 느끼지 않으셔도 됩니다. 그럼 부디 자유롭게 식사하세요."

'빈터 카페'[12]에 처음 온 손님에게는 가게에 대해서 설명합니다. 반응은 다양합니다. "네에에?" 하고 괴성을 지르는 사람, 의미를 알지 못해서 멍해지는 사람, "재미있겠네"라고 관심을 나타내는 사람, 전혀 이해하지 못하는 표정으로 나가지 못하는 사람도 있습니다. 그래도 최근에는 놀라지 않고 상냥하게 설명을 듣는 사람이 많아졌습니다. 어딘가에서 정보를 미리 듣고 오시는 걸까요?

큐슈(九州) 오이타(大分県)현의 중심지 유후인(由布院), 그중에서도 관광객이 집중되는 '온천의 평가도(湯の坪街道)'에서 조금 떨어진 큐슈 횡단도로 길가에 '빈터 카페'가 있습니다. 운영의 모체는 특정비영리활동법인 '마을 만들기 NPO바람의 빈터'입니다.

---

12) 하랏빠(原っぱ)는 주택단지 근처에 있는 빈터나 들판 등을 의미한다. 여기서는 '빈터'로 번역했다(역자 주).

‘음식과 농업을 통해 다양한 사람들이 안심하고 교류할 수 있는 곳 만들기’를 목표로 2010년 5월에 오픈한 커뮤니티 카페입니다. 오픈부터 6년간 세 가지 점심메뉴 중 한 가지를 판매하는 일반적인 형식으로 운영되어 왔으나, 2016년 1월부터 지금의 ‘부르는 값’ 방식으로 영업하기 시작했습니다.

손님으로부터 항상 듣는 질문

가격을 손님에게 맡기는 ‘부르는 값’ 방식으로 전환한 이후 가장 많이 듣는 말은 “이걸로 장사가 되나요?”입니다. 거의 공짜로 먹는 손님만 있지 않을까? 돈을 전혀 내지 않는 손님도 있지 않을까? 하고 걱정해 주십니다. 사실 처음에는 저희도 걱정되어 우선 1주일만 시험 삼아 시작해보기로 했습니다. 가장 궁금했던 것은 ‘지금까지 와주셨던 손님들은 어떤 반응을 보일까?’ 였습니다.

놀랍게도 “왠지 또 엉뚱한 일을 벌여놨군”이라며 즐거워하는 단골손님도 많았고, 많은 분들이 먹은 요리에 맞는 금액, 가게에 합당한 금액을 생각하고 돈을 넣어주신 것 같았습니다. 시범 기간은 그대로 1개월로 연장했다가 또다시 3개월로 연장했고, 3개월 동안의 반응을 토대로 ‘부르는 값’ 방식으로 계속 영업하게 되었습니다.

방금 전의 질문, “이걸로 장사가 되나요?”에 대한 저의 대답은 “전혀 돈이 되지 않습니다”, “추천하지 않습니다”, “비즈니스 모델이 되지 않습니다”, “살리시던지 죽이시던지 여

러분에게 달렸습니다", "그렇게 걱정해주시는 손님이 계셔
서 아직까지는 괜찮습니다"라고, 그때그때의 느낌에 따라
대답합니다.

하지만 어떤 가게든 존속 여부는 결국 손님에게 달려 있
으니, 어떻게 대답해도 상관없을지도 모릅니다.

왜 '부르는 값' 방식인가?

그 다음으로 많이 받는 질문은 "왜 이런 방식으로 하나
요?"입니다. 이것 또한 그때그때 느낌에 따라 다르게 대답
합니다. 일반적인 뷔페식 식당을 떠올려 봅시다. 대부분
'1,500엔으로 60분간 마음껏 먹기'라는 방식으로 운영됩니
다. 그렇지만 커플이나 그룹으로 오는 고객들 중에서는 식
욕이 별로 없는 사람, 소식하는 사람이 있을지 모릅니다. 그
러면 전자 같은 '1,500엔 뷔페'는 외면받겠지요. 하지만 이

'부르는 값' 방식이라면, 식욕이 없어도 '적게 먹고 적게 지불'할 수 있기 때문에 그룹으로 이용해도 저렴할 거라 생각했습니다.

또한 뷔페 형식이므로 기본적으로 손님의 주문을 받고 음식을 만들지 않습니다. 가게 측이 내놓을 요리는 정해져 있습니다. 즉, 가게는 자신들이 좋아하는 요리를 원하는 대로 내놓고 손님은 좋아하는 요리를 원하는 만큼, 먹고 싶은 만큼 먹고 그만큼 지불하는 것입니다. 손님과 가게 모두가 원하는 대로 하는 그런 장소입니다. 그로 인해 무슨 일이 일어날지는 알 수 없지만 '혹시 뭔가 재미있는 일이 일어나지 않을까'라는 생각이 들어 이를 시작하게 되었습니다.

'뷔페 음식점'이 아니다

'뷔페 형식'이라고 하면 뷔페로 음식을 판매한다고 생각하기 쉽지만 저희는 그렇게 생각하지 않습니다. 뷔페라기보다는 '컨디션이나 식욕에 따라 적당량을 먹고, 먹은 양에 따라 그만큼 지불할 수 있는 곳'이라는 이미지입니다.

다만 만약 손님이 뷔페로 이용하려면 그렇게 할 수 있습니다. 가게 측에서는 손님이 음식값을 상자에 넣을 때 얼마나 넣었는지 확인하지 않기 때문에, 한가득 먹고서 100엔을 지불하는 것도 가능합니다. 대부분의 손님이 그렇게 한다면 조만간 가게는 문을 닫게 되겠지요. 그래도 다행히 2년 반 동안 계속 운영할 수 있었던 것은, 많은 분들이 우리의 이런 노력을 따뜻하게 지지해 주었기 때문이라 생각합니다. 감사하고 있습니다.

'부르는 값'으로 전환하고 바뀐 점

이 방식으로 바꾸고 나서 가장 크게 달라졌다고 느낀 것은 가게와 손님의 관계입니다. 친구나 가족 관계까지는 아니지만, 가게와 손님과의 거리가 이전보다 훨씬 가까워진 느낌입니다. 비즈니스 관계라기보다는 매일 요리를 준비하는 곳에 친구나 지인이 식사를 하러 온 뒤 감사의 뜻으로 얼마 정도의 사례를 두고 갑니다. 소위 '지역에 차려진 공동식당' 같은 느낌입니다. 그것이 이 커뮤니티 레스토랑을 만들 때 목표했던 이미지였지만, '부르는 값' 방식으로 조금이나마 목표를 이룬 듯한 기분입니다.

지금까지 일주일에 두 번 정도 식사하러 왔던 단골 분들은 일주일에 서너 번 식사하러 오게 되었고, 지역주민들도 조금씩 증가했습니다. 뿐만 아니라 저녁식사를 위해 반찬 용기에 포장하여 테이크아웃 해가는 손님도 있습니다. 그것도 포함하여 '부르는 값'에 지불하도록 합니다. 실제로 매일 이용하시는 단골손님의 경우는 400엔이나 500엔 정도도 괜찮다는 생각이 듭니다. 그것은 우리 서민들의 '매일 먹는 점심'에 포함된 돈이 그 정도라고 느끼기 때문입니다.

'부르는 값' 방식으로 지향하는 관계

사실 저는 이 '부르는 값' 방식이 나중에 발전되면 기쁘겠다는 생각이 어느 정도 있었습니다. 예를 들어 단골손님이 경제적인 여유가 별로 없을 때는 그때 지불할 만큼의 무리 없는 금액을 지불하고, 다음 달 월급날에 여유가 생기면 조금 넉넉하게 지불하는(가게 측에서는 파악도 확인도 할 수 없겠지만), 그런 관계를 만들고 싶다는 마음이 있었습니다.

실제로 경제 상황이 어려워지면 식비에 큰 타격이 옵니다. 값싼 인스턴트 음식, 겉으로만 맛있어 보이는 냉동식품이 대량으로 유통되고 있는 요즘이지만, 힘이 나고 건강을 제대로 유지할 수 있는 최소한의 식사를 경제 상황이 좋고 나쁨에 관계없이 먹을 수 있는 지역 커뮤니티 레스토랑이 있으면 좋을 것입니다.

다국적 자원봉사자가 조리를 담당합니다

'빈터 카페'의 특징을 또 하나 이야기하면, 요리를 만드는 직원의 다양함이라 할 수 있을까요? 주방에는 세계 각국에서 모인 '우퍼(WWOOFer)'라는 자원봉사자와 일본 국내 자원봉사자, 가정요리와 향토요리를 잘하는 베테랑 주부, 카페를 체험하고 싶어 하루 동안 도와주러 온 사람 등 항상 총 4명에서 8명 정도의 다양한 직원이 비좁은 주방에서 솜씨를 발휘하고 있습니다. 또한 이 주방은 서로가 자신의 특기인 요리와 모국의 요리를 가르쳐주고 배워가는 다른 문화, 다른 세대 간의 교류의 장이기도 합니다.

우프(WWOOF)라는 제도는 무엇인가

여기에서 우프와 우퍼에 대해 조금 설명하겠습니다. 우프는 Willing Workers on Organic Farms 또는 World Wide Opportunities on Organic Farms의 약자로, 유기농가 및 친환경적인 삶을 추구하는 곳에서 하루에 반나절 일손을 돕고 숙식을 제공받는 활동입니다. 신뢰와 지속 가능한 글로벌 커뮤니티 구축을 목표로 삼아 유기농가와 자원봉사를 연결하고 있는 세계적인 운동입니다. 우프라는 시스템은 현재 세계 60개국 이상의 국가에 민간 사무국이 있고, 일본에서는 1994년부터 시작되었습니다(한국에서는 1997년에 우프 코리아가 설립됨). 이 제도를 이용한 봉사자들을 우퍼라고 합니다. 그들은 인터넷의 우프 재팬(WWOOF JAPAN) 홈페이지에서 해당 지역의 호스트 목록을 확인합니다. 우퍼 모집 시기, 기간 등의 자세한 내용은 호스트와 우퍼 쌍방의 합의로 결정됩니다.

우퍼는 기본적으로 호스트에 대해 하루에 약 6시간 정도 도움(주 1일 휴일)을 주고, 호스트 측은 이에 대해 숙소와 하루 세 끼 식사를 제공합니다. 금전을 교환하는 것이 아닌, 친척이나 친구 관계 같은 교류를 하는 것이 우프의 특징입니다. 지난해 빈터 카페에는 100여 명이 우퍼나 자원봉사자로 와서 도움을 주고 갔습니다.

외부 사람이 들어오면 그들과 교류하고 싶어 하는 현지인

들도 모여듭니다. 외부와의 연결은 내부의 연결도 촉진시켜 줍니다. '지역에 뿌리내렸지만 지역을 초월한 관계'를 만들 어 갈 수 있어 기쁩니다.

요리를 마친 후에는 지역의 농민과 복지시설을 돕는다

'좋아요 식당'의 일은 정오가 좀 지나면 일단락합니다. 그 후 직원 절반이 인근 농가에서 농사를 도와주거나 지역의 복지시설을 도와주고, 지인으로부터 부탁받은 일을 해주고 있습니다. 나머지 절반은 카페에서 뒷정리를 합니다.

지난해부터 안심할 수 있는 음식을 제공하는 장소를 만드 는 것과 동시에, 지역 농민과 복지시설 등 일손이 부족하여 어려움을 겪고 있는 곳을 지원하고 있습니다.

농업 현장도 복지 현장도 일손 부족으로 고생하고 있습니다. 우리에게 전문적인 지식과 기술이 있는 것은 아니지만 사람들이 있어주는 것만으로도 도움이 되는 일은 상당히 많습니다. 세계 각지에서 온 우퍼들과 협력하여 지역사회에 도움이 될 수 있도록 하겠습니다.

매주 목요일 식사 모임과 다과회(오렌지 카페)

'빈터 카페'에서는 매월 첫째·셋째 주 목요일에 노인을 중심으로 한 식사 모임(참가비 500엔)을 12시부터 개최하고 있습니다. 또 둘째 주, 넷째 주 목요일 오후 2시부터는 노인 위주의 다과회(참가비 200엔)를 개최하고 있습니다. 이것은 '빈터 카페'를 시작하기 전부터 NPO활동으로 해오던 것입니다. 다과회는 2016년부터 지역사회복지협의회가 주최하는 오렌지 카페(이른바 '치매 카페')가 합류하여 진행하게 되었습니다. 지역의 여러 병원에서 치매전문가와 사회복지협의회의 치매 담당자, 지역포괄지원센터의 사람들, 노인들 등 다양한 멤버가 모여 함께합니다. 이제는 다섯 명 중 한 명이 치매환자인 시대입니다. 치매가 와도 불안하지 않은 지역사회가 됐으면 좋겠습니다.

'빈터'의 이름에 담긴 마음

'빈터 카페'라는 이름의 유래를 설명하려면 운영의 모체였던 '바람의 빈터'라는 NPO에 대해 설명해야 합니다. 여기서

'바람'은 외부에서 와서 이곳에서 시간을 보내다가 다시 떠나가는 '바람 같은 사람들'을 뜻합니다. 반면 '빈터'는 항상 그곳에서 바람을 받아들이는 초원(대지)과 같은 이미지입니다. 언제든지 안심하고 돌아올 수 있는 그런 '빈터'가 되려는 마음을 담았습니다.

다시, "왜 이런 방식으로 하나요?"

앞서 소개한 '손님으로부터 항상 듣는 질문'에서 두 번째로 많이 듣는 질문이 "왜 이런 방식으로 하나요?"라는 말입니다. 사실 이 말은 제 스스로에게도 항상 되묻는 질문이기도 합니다. 요즘에는 "나 스스로가 재밌다고 생각하니까…"라는 대답이 제일 잘 어울린다고 생각합니다.

사실 '부르는 값' 체계로 바꾼 뒤, 이전처럼 여행을 떠나거나 하는 것이 거의 불가능해졌습니다. 비용에 비해 수익이 떨어졌기 때문입니다. '부르는 값' 방식을 도입하기 전부터 그다지 이익을 보진 않았지만, 이 방식으로 변경하면서 더욱더 이익을 못 보고 있습니다(쓴웃음). 그럼에도 불구하고 이 방식을 고집하며 계속 나아가고 싶다고 생각합니다. 줄어든 수익은 어떻게든 보충할 수 있을 거라고 믿습니다.

일본 속담에 '비슷함은 친구를 부른다'는 말이 있습니다. 유유상종(類類相從)과 같은 뜻이지요. 이런 자리를 만들고 싶다, 이런 식으로 생활하고 싶다는 말을 하면서 실천하면, 만나고 싶다고 생각했던 사람들이 이곳까지 찾아와주었던 신

기한 경험을 많이 했었습니다.

그런 만남이나 사람과 사람과의 교류야말로 사람들이 여행을 추구하는 이유이자 묘미라고 생각합니다. 그런 의미에서 어딘가로 나가지 않으면서도 여행의 묘미를 맛볼 수 있는 이곳은 그 무엇과도 대신하기 어려운 장소라고 느낍니다.

사실, 저도 젊었을 때는 여행지에서 모르는 분들에게 신세를 졌을지도 모릅니다. 폐를 끼친 적도 많이 있었을 것입니다. 그 하나하나가 둘도 없는 경험이 되어주었습니다. 이번에는 제가 그 은혜를 돌려드릴 차례라고 생각합니다.

옛날에 오키나와를 여행할 때, 오키나와 현지인으로부터 "한 번이라도 만났으면 이미 형제"라는 오키나와 속담을 들은 적이 있습니다. 저는 이 말을 아주 좋아합니다. 빈터에서 함께했던 사람들이 만남과 경험을 좋은 추억으로 평생동안 가슴에 새길 수 있는 곳, 그런 곳이 되면 좋겠다고 생각합니다.

빈터 카페(原っぱカフェ)

- 주소: 〒879-5102 오이타현 유후시 유후인쵸 가와카미 1525-12(大分県由布市湯布院町川上1525-12)
- 전화 및 FAX: 0977-84-2621
- HP: http://www.oct-net.ne.jp/harappa/harappacafe/home/index.html
- 영업일: 정기휴일 수요일 제외 11:50~14:30(재료 소진 시 종료)
- 대표자: 우라타 류우지(浦田龍次)
- 식사의 특징과 가격: 15~20 종류의 뷔페요리, 가격은 손님은 원하는 대로
- 운영 모체: 특정비영리활동법인 '마을 만들기 NPO 바람의 빈터'

우라타 류우지(浦田龍次)

1963년 오이타 출생. 도쿄에서 1년 재수 후 와세다 대학에 입학했다. 1994년 고향인 유후인에 돌아와 가업의 이자카야를 잇게 되었다. 2004년 유후인쵸 의회의원을 지냈고 다음 해 합병 반대를 내걸고 쵸(町)장 선거에 나갔지만 패배했다. 2005년 합병으로 마을이 없어진 해에 '마을 만들기 NPO 바람의 빈터'를 개설하였다.

3

지역으로 넓혀가는
커뮤니티 레스토랑

홋카이도의 커뮤니티 레스토랑

'니시노의 주방 단란'(西野厨房だんらん)

- 운영 주체: NPO법인 구루포 피노(ぐるーぽ·ぴの) (대표: 호리카와 준코堀川淳子)
- 주소: 〒063-0038 홋카이도 삿포로시 니시노구 니시노 8조 9쵸메 18-67(北海道札幌市西野区西野8条9丁目18-67)
- 전화 및 FAX: 011-671-1443
- 영업일: 주 1회 (비정기적)
- 영업시간: 비정기적

지역의 독거노인을 대상으로 안전하고 균형 잡힌 가정요리를 제공하는 게 목적이다. 대표자 호리카와 씨의 자택을 개조하여 2004년 3월에 오픈했다. 현재는 매주 수요일을 '니시노 어린이식당 kaokao'로 영업하고 있으며, 격주 금요일(월 2회)을 '니시노의 주방 단란'으로 영업하고 있다.

NPO법인 구루포 피노(ぐるーぽ·ぴの)는 지역 노인들이 편안

하게 사는 곳을 목표로 하여 개설되었다. 반상회와 제휴하여 '주민연계문화교류살롱 에이트'를 운영하고 있으며 월 2회 수다살롱, 기타 문화동아리 활동을 하고 있다.

이토 키쿠코

레스토랑 도쿠루(と一くる)

- **운영 주체:** 유니온메디컬서비스(대표 이사: 나카야마 미사코中山美佐子)
- **주소:** 〒004-0054 홋카이도 삿포로시 아쓰베쓰구 아쓰베쓰츄오 4조 2쵸메 12-15(北海道 札幌市厚別区厚別中央4条2丁目12-15)
- **전화 및 FAX:** 011-398-4317
- **영업시간:** 11:00 ~ 17:00
- **정기 휴일:** 일요일·월요일

운영 주체는 유니온메디컬서비스이며, 대표이사는 나카야마 미사코 씨다. 나카야마 씨는 커뮤니티 레스토랑이라는 개념에 공감

하여 커뮤니티 레스토랑을 오픈하기 위해 여러 가지를 모색하였고, 그 결과로 2014년에 라면 가게였던 점포를 재개장해서 커뮤니티 레스토랑을 오픈했다. 영양이 풍부하고 균형

이 잡힌 정식을 제공한다.

2015년부터는 매주 토요일, 여름 방학, 겨울 방학, 봄 방학은 하루 종일 어린이식당과 함께 운영하고 있다. 사회복지사, 정신보건사회복지사 자격을 살려 종합상담을 해주고 있으며 간호, 육아 등의 분야에서 지역주민들에게 상담서비스를 제공하고 있다.

이토 키쿠코

꿈꾸다(ゆめみる)

- 운영 주체: 특정비영리활동법인 꿈꾸다(이사장: 타이마 케이코對馬敬子)
- 주소: 〒059-0013 홋카이도 노보리베쓰시 호로베쓰쵸 5쵸메 18번지 1(北海道登別市幌別町5丁目18番地1)
- 전화 및 FAX: 0143-83-4525
- 영업시간: 10:00~16:000
- 정기 휴일: 일요일·공휴일

노보리베쓰시 호로베쓰 테츠난지구 8쵸 반상회가 모여 개최한 노인대책회의에서 '노인이 안전하게 있을 수 있는 곳 만들기

가 필요하다', '반상회로는 복지활동에 한계가 있다'는 의견이 나왔다. 그래서 반상회 임원인 유지(有志) 씨가 NPO법인을 설립하고, 주민들이 부담 없이 모일 수 있는 장소를 목표로 2008년 11월에 오픈한 곳이 '꿈꾸다'이다.

음식 제공 외에도 노인 지원과 육아 지원의 일환으로 살롱사업이나 저녁식사 사업, 장보기 지원사업 등을 하고 있다.

이토 키쿠코

도모카나(ともかな)

- 운영 주체: 특정비영리활동법인 이부리타스케아이(いぶりたすけ愛)(이사장: 호시카와 미츠코星川光子)
- 주소: 〒059-0023 홋카이도 노보리베쓰시 사쿠라기쵸 3쵸메 2-16(北海道登別市桜木町3丁目2-16)
- 전화 및 FAX: 0143-83-7133
- E-mail: iburi-ai@zpost.plala.or.jp
- HP: http://yaplog.jp/tomokana882626/
- 영업시간: 10:00 ~ 17:00 (11월~3월은 11:30~16:30)
- 정기 휴일: 일요일·공휴일·연말연시·여름휴가

'도모카나(ともかな)'의 운영 주체 특정비영리활동법인 '이부리타스케아이'는 1995년부터 재가복지서비스(청소, 세탁, 취사, 장보기 등의 방문돌봄서비스), 살롱, 배식서비스, 활기찬 노인 그룹

리빙[13] 등의 시민사업을 해왔다. 돌봄사업도 실시하고 있다. 이러한 활동을 통해 나이가 들어도, 장애가 있어도 지역사회에 도움이 될 만한 특기 및 기술을 활

용하고 싶은 사람이 많다는 것을 느꼈다. 그들의 취업과 활동을 위한 장소를 만드는 것을 목표로 삼아 2011년 5월 '도모카나'를 오픈했다. 가게 이름 '도모카나'는 "함께 꿈을 이루자"는 의미이다. 새로운 만남, 소통, 상호 부조를 소중히 하고 있다.

이토 키쿠코

미나파치세(ミナパチセ)

- 운영 주체: 개인사업자 다무라 나오미(田村直美)
- 주소: 〒059-0901 홋카이도 시라오이군 시라오이쵸 지샤다이 191-10(北海道白老郡白老町字社台191-10)
- 전화: 080-1874-3624 / Fax: 0144-82-2654
- E-mail: minapa.cise3624@gmail.com

---

13) 집주인과 세입자가 함께 사는 '그룹 리빙(Group Living)', 즉 단체 거주 형태의 주거이다.

- HP: https://www.minapa-cise.com
- SNS: https://www.facebook.com/minapacise/
- **영업시간**: 11:00 ~ 17:00
- **휴무일**: 비정기적

가게 주인 다무라 씨는 삿포로에서 개최된 창업강좌에서 '커뮤니티 카페'를 알게 되었다. 그 순간, 내가 하고 싶은 카페는 이것이다! 라고 생각하며 준비해나갔고 자신  의 뿌리인 아이누문화를 알리기 위해 친정을 리모델링하여 2017년 5월에 개점하였다. 위암에 걸린 뒤부터 음식에 대한 중요성을 절실히 느끼게 되어 제철 채소, 허브, 발효 식품 등으로 구성된 식사를 통해서 '마음과 몸을 웃을 수 있게', 카페·커뮤니티의 장에서는 '사람과 사람이 연결되는 시간' 을 근본으로 삼아 가게를 운영하고 있다. 가게 이름인 '미나파치세'는 아이누 말[14]로, '미나파'는 많은 사람이 웃는다는 뜻이고 '치세'는 집이라는 뜻이다.

이토 키쿠코

14) 아이누족은 일본의 홋카이도와 러시아의 사할린, 쿠릴 열도 등지에 분포하는 소수 민족으로 아이누 말은 이들이 사용하는 언어이다(역자 주).

바람의 밥집(風のごはんや)

- 운영 주체: 임의단체 '미래의 마을·축복의 도시'(회장: 츠치야 카즈유키槌谷和幸)
- 주소: 〒048-0401 홋카이도 숫쓰군 숫쓰쵸 신에이 166-8(北海道寿都寿都町字新栄166-8)
- 전화: 090-7056-3018 / Fax: 0136-65-6274
- E-mail: kaze_gohan@yahoo.co.jp
- 영업일: 매주 월요일
- 영업시간: 11:00 ~ 13:00

2010년 숫쓰쵸와 삿포로시립대학의 연계로 '지역활성화 자원조사활용사업'이 시작되었다. 사업의 일환으로 지역주민을 위한 워크샵 및 포럼이 실시되었는데, 그곳에서 모아진 주민들의 뜻에 따라 커뮤니티 레스토랑 개설을 구상하였다. 커뮤니티 레스토랑 선진사례 시찰, 요리법 개발, 운영 주체로서의 임의단체 설립 과정을 진행한 뒤 2012년 6월에 '바람의 밥집'을 오픈했다. 매주 요리사가 바뀌는 일일요리사 시스템을 도입하고 있다.

이토 키쿠코

건강주방 루프(健康キッチン・ループ)

- 운영 주체: 개인사업자 사토 아유미(佐藤あゆ美)
- 주소: 〒085-0837 홋카이도 구시로시 오오카와쵸 6-20(北海道釧路市大川町6-20)
- 전화 및 FAX: 080-5599-2029
- E-mail: ayu40@palette.plala.or.jp
- SNS: https://facebook.com/kenkoukittin.loop
- 영업일: 화, 수, 목, 토 (공휴일 영업)
- 영업시간: 11:30 ~ 16:00

  점주인 사토 아유미 씨는 40대 후반에 건강이 악화된 것을 계기로 '음식과 건강'에 깊은 관심을 갖게 되어, 구시로전문대학 생활과학과 식품영양전공에 사회인 전형으로 입학하여 영양사 면허를 취득했다. 2012년 3월, 나카시베쓰쵸(中標津町)에서 '영양만점 카페 루프'를 창업했고, 2016년부터는 고향 구시로시로 이전하여 '건강주

방 루프'로 이름을 바꿨다. 현재는 식당 경영과 병행하면서 모교 및 지역 전문학교 보육교사 양성과정에서 <아이의 음식과 영양>이라는 강의를 담당하고 있다.

이토 키쿠코

숲속카페 홋피(森カフェほっぴー)

- 운영 주체: 호베쓰 커뮤니티 레스토랑을 생각하는 모임(대표: 이치키 타카히로一木崇宏)
- 주소: 〒054-0211 홋카이도 유후쓰군 무카와쵸 호베쓰 81-8(北海道勇払郡むかわ町穂別81-8)
- 전화 및 FAX: 090-4873-1915
- HP: blogs-yahoo.co.jp
- 영업일: 첫째 주, 셋째 주 화요일
- 영업시간: 11:00 ~ 15:00

커뮤니티 레스토랑 개설을 원하는 지역주민의 뜻에 따라 임의단체를 만들어서 2013년에 시작했다. 시작했을 당시에는 연 3회 정도 개업했지만, '더 늘려 달라'는 요청이 있어 현재는 매월 1회 정도 열고 있다. 또한 다른 지역으로 나가는 "출장형 커뮤니티 레스토랑"과 마을의 다른 시설에서 개최하는 "기획형 커뮤니티 레스토랑"도 실시하고 있다. 메뉴는 우동, 수타 메밀국수, 다른 지역의 식재료를 활용한 요리 등이다. 50여 명의 회원과 준회원이 운영에 참여하고 있다. 그 외의 일반 참가자들은 요리 과정에 참여할 수도 있지만, 먹기만 해도 괜찮다.

이토 키쿠코

코코·카라 (ココ·カラ)

- 운영 주체: 특정비영리활동법인 코코·카라(대표자: 나이토 케이코 內藤圭子)
- 주소: 〒059-1512 홋카이도 유후쓰군 아비라쵸 하야키타미즈호 1211-1(北海道勇払郡安平町早来瑞穂1211-1)
- 전화 및 FAX: 0145-23-2109 / 090-6261-7994(예약)
- E-mail: npo.cococala@gmail.com
- SNS: https://ja-jp.facebook.com/cococalashiawasjkan/
- 영업일: 매주 월·금요일
- 영업시간: 11:00 ~ 15:00

운영 주체인 특정비영리활동법인 '코코·카라'는 현지의 '음식'을 주제로 행복한 시간을 제공하는 것을 목적으로 하고 있다. 2014년에 오픈한 '코코·카라'는 '몸도 마음도 행복한 시간'을 슬로건으로 삼아 현지 식재료를 적극적으로 사용한 점심식사와 도시락을 제
공하고 있으며, '요리 강습
회', '된장 만들기 체험', '출
장요리(Catering)' 등도 실시
하고 있다. 또한 현지 식
재료를 활용한 콩가루 꽈
배기, 비지 쿠키, 우엉 과
자 등도 생산하고 있다. 2018년부터 카레 가게 '코코·카라
카페'의 영업도 시작했다.

이토 키쿠코

도쿄도의 커뮤니티 레스토랑

비요리(びょり)

- 운영 주체: NPO법인 쓰나구바즈쿠리(ツナグバヅクリ) (대표자: 카마타 나오코鎌田菜穂子)
- 주소: 〒185-0002 고쿠분지시 미나미쵸 1-1 4-7 프라우드 고쿠분지 1층(国分寺市南町1-1 4-7)
- 전화 및 FAX: 042-321-6730
- HP: https://vieyori.jimdo.com/
- 영업일: 정기 휴일은 매주 목요일·공휴일
- 영업시간: 9:30 ~ 17:00

도시의 아파트 공용 공간을 이용하여 커뮤니티형 카페를 개점하였다. 고쿠분지시 미나미쵸의 프라우드 코쿠분지 1층에 위치한 '카페와 다양한 비요리'는 요리교실이나 콘서트 등 지역주민을 위한 이

벤트를 개최하고 있으며, 음식을 통한 교류의 장으로 자리

매김하고 있다. 카페는 숲이 가까워 자연관찰회도 열린다. 카페를 운영하는 NPO법인 쓰나구바즈쿠리의 카마타 나오코 대표이사는 "아파트 주민들과 지역주민들이 부모님이나 자식들과 함께 오기 때문에 다세대 교류의 장이 되고 있다"고 말했다.

'비요리'는 NPO법인이 아파트 관리조합과 임대계약을 맺고 개점하였다. 점심 제공 외에도 주민들의 수제상품 등을 판매하는 '소품점' 코너를 설치하였다. 음악, 댄스, 요가, 육아, 과자 만들기, 치매 서포터 양성 등 다양한 강습이나 워크샵을 개최한다. 그 외에도 아파트 집회실로도 이용하고 있다.

아파트는 지상 8층, 지하 1층(125호)으로 2016년 11월에 완공되었다. 현장에 있던 숲을 보존하고 방재시설을 갖추고 있으며 공원, 카페와 함께 '지역 공개 공간'으로 지정되어 있다. '지역에 열린 아파트'를 발의한 것은 노무라부동산 주택사업본부 신야 마사키(新谷雅樹) 씨다.

"아파트는 공용 공간으로 집회시설 설치가 의무화되어 있지만, 대부분이 1년에 몇 번밖에 사용하지 않는다. 비요리는 집회실로도 사용할 수 있기 때문에 아파트 주민뿐만 아니라 지역주민들도 사용할 수 있다"고 한다.

아파트 부지가 철도 고쿠분지선 끝에 위치했고, 자연숲이 남아 있었기 때문에 아파트개발계획에 '숲 보존'도 반영되어야 했다. 따라서 수목조사 및 지역주민과의 워크샵 개최, 행정기관과의 절충 등으로 인해 착공까지 수년이 걸렸다. "주민과 행정기관의 협동 덕분에 숲과 공원과 카페를 일체적으로 지역에 공개할 수 있었다. 신구(新舊)주민이 교류할 수 있는 다목적 카페를 디자인하고, 자연을 느끼는 생활과 일체화시킬 수 있었다"고 신야 씨는 말했다.

'비요리'는 젊은 엄마와 노인들이 모이는 커뮤니티 레스토랑인 동시에, 도시에 새로운 공공 공간을 만드는 방향으로 아파트의 공용 공간을 이용함으로써 아파트의 가치를 높이는 효과도 얻을 수 있었다. 이 사례를 제도화한다면 새로운 시대의 사회적 모델로 넓혀갈 수 있을 것이다(참고: 도쿄신문).

세코 카즈호

매일 어린이식당 다카시마타이라(まいにち子ども食堂高島平)

- 운영 주체: 특정비영리활동법인 원더풀 키즈
- 주소: 〒175-0082 도쿄도 이타바시구 다카시마다이라 7-23-21 코포요시노파크 207(東京都板橋区高島平7-23-21 コーポ芳乃パーク207)
- 전화 및 FAX: 090-5583-6322
- E-mail: wonderfulkids21@yahoo.co.jp
- HP: https://wonderfulkidsandkodomosyokudou.jimdo.com
- 설립: 2018년 3월 1일

'매일'이라는 이름에 걸맞게 365일 동안 매일 3끼를 제공한다는 획기적인 특징을 가지고 있다. 이런 점에서는 전국에서 유일한 어린이식당일 것이다. 출시 당시 크라우드펀딩으로 자금을 모으는 동시에, 회비와 모금으로 일상 운영자금을 충당하고 있다. 자녀 학습

지원부터 시작된 활동이 '음식'이라는 삶의 기본에 천착하기 시작했고, 이로써 아이들에게 소중한 곳이 될 수 있었다. 어떤 가정의 아이라도 부담 없이 올 수 있으며, 지역의 부모들도 찾아오곤 한다. 익명으로 식량을 전해주는 사람들도 있다. 이러한 조용한 선의가 버팀목이 되어주고 있다.

어린이는 식사비가 무료이고 성인은 아침 100엔, 점심 200엔, 저녁 300엔이다.

후나토 키요시

숲속의 식당(森の食堂)

- **주최: 아큐라이즈**(あきゅらいず)
- **운영 주체: TETOTETO**
- **주소: 〒181-0014 도쿄도 미타카시 노자키 3-21-18**(東京都三

鷹市野崎3-21-18)

• 전화 및 FAX: 0422-30-9870

• HP: http://blog.akyrise.jp/morisyoku/

'숲속의 식당'은 스킨 케어 회사 아큐라이즈의 사원 식당으로 2010년에 시작되었습니다. 엄마들에게도 일자리를 제공하고 싶었기 때문에 지역의 엄마들을 직원으로 많이 뽑았습

당일 정식은 엄선한 식재료로 만들어진다

니다. '엄마의 맛'을 제공하는 '숲속의 식당'은 직원뿐만 아니라 지역주민들도 이용할 수 있습니다. 셀프 방식으로 운영되며 현미밥, 된장국, 제철 채소, 생선 등으로 구성되어 '국물 한 가지, 채소 세 가지'로 불리는 '오늘의 정식'이 850엔입니다.

아름다움을 추구하는 회사라면 식사도 소중히 여겨야 한다고 생각했습니다. 그래서 생산지와 생산자의 얼굴을 알고 구매한 식재료를 최대한 엄선하여 하나하나 정성스럽게 애정을 담아 직접 만들었습니다. 질 좋은 식사 덕분에 지역주민들에게 환영받고 있습니다. 그래서 직원보다 외부 손님이 더 많을 정도입니다. 나무의 온기에 싸인 여유로운 분위

편안히 지낼 수 있는 나무의 온기가 있는 공간

엄마 스태프가 애정을 담아 만드는 '엄마 밥'

기의 식당은 창가의 카운터 좌석과 테이블 좌석, 그리고 좌식 테이블이 마련되어 있습니다. 손님은 원하는 좌석을 선택한 다음, 천천히 '엄마 밥'을 맛볼 수 있습니다.

'숲속의 식당'을 운영하고 있으며 회사의 물류를 담당하는 그룹회사 테토테토(TETOTETO)는 식당의 넓은 공간을 활용하여 된장 만들기와 매실장아찌 만들기, 요가 같은 이벤트를 개최하는 등, 좀 더 많은 지역주민이 이용할 수 있도록 다양한 도전을 하고 있습니다.

주혜문

정식 아사히(定食あさひ)

- 주최: 히노(日野) 부부
- 주소: 〒181-0013 도쿄도 미타카시 시모렌자쿠 2-23-15(東京都三鷹市下連雀2-23-15)
- 전화 및 FAX: 0422-24-8071

JR 미타카역에서 조금 떨어진 거리에 있는 식당이다. 가게 주인인 히노 씨 부부는 '누구든 쉽게 들어올 수 있게', '집밥의 맛으로 배부르게'라는 생각으로 2014년에 가게를 시작하였다.

건강한 맛을 고집하고 조미료는 근처의 자연식품 가게에서 조달하며 쌀은 저농약 제품을 사용한다.

수고를 아끼지 않고 멸치와 채소에서 충분히 국물을 우려내서 당일의 된장국을 만든다. 인기 있는 생선구이 정식은 이와테현(岩手県)의 생선가게에서 직송한 고등어를 사용한다.

지어진 지 40년 된 민가를 개조한 가게는 따뜻한 복고풍 분위기로 가득 차 있다. 1층은 주방을 둘러싼 L자형 테이블의 좌석이고, 2층은 어린이 동반손님이 좋아할 다다미방이다. 독거노인이나 여성 사무직원, 샐러리맨에서 가족까지 손님층이 다양하다. 4년이 지나 겨우 가게가 완성되었다. 주인은 앞으로 지역에 더 뿌리를 내려서 미타카의 활성화에 공헌하고 싶다고 말한다.

주혜문

이로노하(ｲﾛﾉﾊ)

- 주최: 시즈플레이스(ｼｰｽﾞﾌﾟﾚｲｽ)
- 운영 주체: 사카모토 케이코(坂本桂子)
- 주소: 〒190-0002 도쿄도 다치카와시 사이와이쵸 5-96-7(東京都立川市幸町5-96-7)
- 전화 및 FAX: 070-4398-2256
- HP: http://mirainomori.csplac.com/ironoha

가까운 역은 세이부선 다마가와죠스이역이다. 다마가와죠스이의 길을 따라 도보 5분이면 도착한다. 2018년 7월 13일에 오픈한 '카페&포토스튜디오 이로노하'는 초록색 숲의 보호수림에 둘러싸인 주택이다.

테이블 좌석과 다다미방이 있는, 밝고 아늑한 공간에서 먹는 점심식사는 제철 채소를 푸짐하게 넣어서 부드러운 맛을 낸다. 양념에도 신경을 쓰기 때문에 음식의 안정성도 뛰어나다.

운영자의 사카모토 케이코 씨는 전문 사진작가이다. 카페가 쉬는 날은 사진 스튜디오로 변신한다. 커뮤니티 레스토랑 요리 담당인 난바 유카(難波友香) 씨와 둘이서 카페를 운영하고 있다. 카페는 어린이를 동반한 엄마들로 가득하다. 육아를 해왔던 사카모토 씨의 꿈이 실현된 것이다. 사카모토 씨는 '육아하는 엄마도 어른도 노인도 여러 사람이 출입 가능한 장소로, 한 걸음 내디딜 곳을 만들고 싶다'고 말해왔다. 장래에는 어려움을 겪는 아이들에게 주먹밥과 반찬 등을 무료로 제공하는 '언젠가 그 아이의 밥값' 프로젝트를 하고 싶다고 말한다.

"이로노하에 도움을 주신 분들은 눈물이 나올 정도로 많다. 아이들도 도움 받은 것을 언젠가 다른 곳에 베풀 것이다!"라며, 희망의 씨앗을 뿌리고 있다.

출처: '이로노하' 팸플릿

사이타마현의 커뮤니티 레스토랑

커뮤니티 카페 건강스탠드·프리즘&건강스탠드 커뮤니티 몰(コミュニティ喫茶 元気スタンドぷりズム&元気スタンドコミュニティモール)

- 주최: 고이즈미 케이지(小泉圭司)
- 운영 주체: 건강스탠드·프리즘합동회사·NPO건강스탠드
- 주소: 〒340-0154 사이타마현 삿테시 사카에 3-2-106(埼玉県幸手市栄3-2-106)
- 전화 및 FAX: 0480-48-7372
- SNS: https://www.facebook.com/ 元気スタンドぷりズム -250235498368683

커뮤니티 카페 '건강스탠드·프리즘'은 "강요하지 않는 돌봄"을 표방하고 있다. 누구나 부담 없이 들를 수 있으며, 마을 만들기를 실천하고 있는 곳이다. 인접한 반찬가게 '건강스탠드·프라이스'와 지역협력사업 '행복한 도우미부대(幸せ手伝い隊)', 자유로운 외출을 지원하는 '시니어카

렌탈 사업'을 통해서 지역주민의 삶의 보람을 창출하는 한
편 일상생활 또한 지원하고 있다.

'건강스탠드·프리즘'에서는 한 달에 한 번 '생활 보건실'을
개최하여 간호사에게 받는 건강상담 등을 실시한다. 다양한
직업과 지역에서 활약하는 커뮤니티 디자이너와 제휴하면
서 정보를 보내는 것, 그리고 정든 지역에서 안심하고 생활
할 수 있는 시스템을 만드는 것을 목표로 하고 있다.

아사미 카나메

커뮤니티 카페&갤러리 '마을 카페'

- **운영 주체:** 특정비영리활동법인팀 히가시마쓰야마(東松山)
- **주소:** 〒355-0016 사이타마현 야큐쵸 3-4-7 마츠야마 포토
  서비스점 내(埼玉県箭弓町3-4-7)
- **전화 및 FAX:** 090-2328-8518
- **SNS:** https://www.facebook.com/machicafe.matsuyama/

2010년 8월 히가시마쓰야마시의 '환경마을 만들기(환경기본
계획에 따라 행정기관과 협동하여 마을을 만드는 사업)'의 거점으로 오픈했
다. 2011년 3월 11일 동일본 대지진 직후부터 재해지역 부
흥지원활동을 시작했다. 커뮤니티 카페, 마을 만들기, 재해
지역 부흥지원의 3개 사업을 실행하기 위해 NPO법인팀 히
가시마쓰야마를 설립했다.

원전사고 이후, 피난생활을 시작한 사람이 모이는 장소로

서 기능해왔다. 또한 여성창업가 스텝업 지원사업(사이타마현과 히가시마쓰야마시의 보조사업)을 통해 여성창업가를 위한 도전의 장이 되어 왔다. 2017년에 인접한 은행의 확장공사로 인해 철거되었으나, 다행히 이웃의 카메라 가게에서 '마을 카페가

없어져 안타까운데, 저희 가게 절반을 사용하지 않으시겠습니까?'라고 권유해주셨다. 그래서 다음 해 5월에 이전하여 개업했다. 쇼케이스를 살려서 갤러리도 함께 운영 중이다.

현재 일일요리사에 의한 점심식사 제공, 찻집 영업, '월 3만 엔 비즈니스' 워크샵, 마을시장(marché) 등을 개최하고 있다.

아사미 카나메

순(純) 수타면 나가토로마치(長瀞)우동 고슈

• 주최: 키타자와 유미코(北澤裕美子)

• 운영 주체: 고슈 자립지원&상담소(ゴーシュ自立支援＆相談所)

• 주소: 〒369-1305 사이타마현 치치부군 나가토로쵸 나가토로 738-3(埼玉県秩父郡長瀞町長瀞 738-3)

• 전화 및 FAX: 090-5411-0818

• HP: http://www7b.biglobe.ne.jp/~udongoshu/

고슈 자립지원&상 담소는 경증 장애인이 나 니트NEET[15], 은둔 형 외톨이 등과 같이 취업하기 어려운 사람 들이 취업할 때까지 지 원해주기 위해 2006년 시작했다.

우동가게의 업무를 통해 사회성을 익히게 함으로써 정신 적, 물질적으로 자립할 수 있게 도와주고 있다. 당사자나 가 족을 대상으로 코칭과 상담도 실시한다. 가게 이외에도 '치 치(秩父) 어린이축제'와 사이타마현에서 열리는 '어린이 꿈 미 래 페스티벌' 등의 이벤트에도 체험을 위해 매년 참가한다. 또한 고등학교 중퇴자들이 졸업할 수 있도록 요요기 고등학 교(통신제)와 제휴하여 지원 체제를 갖추고 있다.

아사미 카나메

---

15) 니트NEET는 Not currently engaged in Education, Employment or Training의 이니셜을 따서 만들어진 단어로, 나라에서 정한 의무교육을 마친 뒤에도 진학 이나 취직을 하지 않고, 직업훈련도 받지 않는 사람을 가리킨다.

카페 솔라레(Café SOLARE)

- 운영 주체: NPO법인지원 아오이(あおい)
- 주소: 〒350-0034 사이타마현 가와고에시 센바쵸 2-10-35(埼玉県川越市仙波町2-10-35)
- 연락처: 049-222-8098
- HP: http://support-aoi.com/

'카페 솔라레'는 지역 주민들과 가와고에 관광객이 안심하고 한숨 돌릴 수 있는 공간을 목표로 매일 영업하고 있는 커뮤니티 카페이다. 남녀노소 불문하고 부담 없이 방문할 수 있도록 런치메뉴의 모든 수프와 샐러드 세트를 합리적인 가격인 500엔 이내로 제공하고 있다.

또한 매장과는 별도로 이동판매차량(통칭 '솔라레'호)를 통해

이벤트 판매도 하고 있으며, 기업이나 가정을 대상으로 한 도시락 등의 배달서비스도 실시하고 있다. 자녀를 대상으로 '카페 직원 체

험을 해보자'라는 이벤트 활동도 실시하고 있어, 가족 손님들에게도 호평을 받고 있다. 앞으로도 손님의 웃는 얼굴을 만날 수 있는 카페가 되고 싶다.

아사미 카나메

시코쿠의 커뮤니티 레스토랑

· ·

유토안 카페 쿠루쿠(柚多庵cafe くるく)

- 주최: 사카키노 미즈에(神野瑞惠)
- 운영 주체: 유토안(有限会社柚多庵)
- 주소: 〒771-6404 도쿠시마현 나카군 나카쵸 키토 미나미 미우 오카다25(德島県那賀郡那賀町木頭南字字ヲカダ25)
- 전화 및 FAX: 0884-68-2072
- HP: http://kuruku.cafe/

'쿠루쿠'는 키토(木頭) 사투리로 '오는 곳'이 다. 시코쿠 도쿠시마현 의 깊은 산 속에 위치 한 커뮤니티 카페 '쿠루 쿠'는 노인, 어린이, 청 소년 등의 다양한 사람 들의 오는 곳이다. 매 주 금요일에 영업하며,  특산물인 유자를 손으로 짜서 만드는 유자 식초를 비롯한 현지의 식재료를 사용해 만든 따뜻한 마음이 담긴 요리를 키토의 전통적인 식탁처럼 대접한다. 아침 시장이나 비어가

든 등의 다양한 이벤트도 개최한다. 회의 공간으로도 활용할 수 있어, 지역 안팎의 사람들을 위한 모임 장소가 되고 있다.

신노 카즈에

큐슈의 커뮤니티 레스토랑

숲속의 밥집(森のごはんや)

- 주최: 오노 유미(小野由美)와 오노 신이치(小野信一)
- 운영 주체: 오너인 고양이 '링고'와 오노 씨 부부의 '한계취락(限界集落)'의 다노쿠치 9세대 23명
- 주소: 〒870-1214 오이타시 오타 1703-21(통칭 다노쿠치지구) (大分市大字太田1703-21)
- 전화 및 FAX: 090-8394-6784
- SNS: https://www.facebook.com/morinogohanya/

'숲속의 밥집'은 9세대에 23명이 사는 한계취락인 다노쿠치지구를 건강하게 만들고 싶다는 생각으로 시작했다. 2015년부터 오노 씨가 소유하고 있는 울창한 숲속에서 체험학습을 시작했고, 많은 어린이들과 학생들이 참가해주었다. 지역 사람들에게 안정적인 쉼터를 제공하기 위해서 크라우드펀딩으로 자금을 모아서 통나무집을 만

들었다. 그리고 이곳에서 2016년, 커뮤니티 레스토랑 '숲속의 밥집'을 개점하게 되었다. 유미 씨가 현지 식재료로 만든 점심식사는 10식 한정으로 판매되며 750엔이다. 250엔으로 커피를 추가할 수 있다.

고로쇠나무 숲에서 재료를 채취해서 직접 만든 메이플시럽은 정말 맛있다! 앞으로 더욱 풍부하게 고향(해먹)의 숲 만들기를 진행하고자 한다.

고토 타케토시

요란세(よらんせ)

- **주최: 야마다 유우지**(山田悠二) 씨와 고향 친구들
- **운영 주체: NPO법인 사가노세키**(さがのせき) **· 사이이**(彩彩) **카페**
- **주소: 〒879-2201 오이타현 오이타시 오지사가노세키 2170-3번지**(大分県大分市大字佐賀関2170-3)
- **전화 및 FAX: 097-575-1315**
- **HP: http://yolanse.junglekouen.com/e906194.html**

커뮤니티 레스토랑 '요란세'는 지역에 활기를 불어넣기 위한 오이타시의 지원에 힘입어 오픈했다. 지역의 사랑방 겸 담화실을 목표로 하고 있다. 세키 전갱이 거리와 세키 고등어 거리를 활기차게 만드는 것이 목표다.

　고령화·과소화가 진행되는 지역의 고령자 교류거점으로
서, 한숨을 돌릴 수 있는 장소가 되었다. 추천은 현지 어부
에게서 직접 매입한 생선으로 만드는 오지사가노세키 향토
요리, 류큐정식(680엔)과 류큐덮밥(880엔), 대구보다 맛있는 부
리카츠(방어돈까스) 정식(500엔), 당일 정식(500엔)이다.

　사가노세키의 바다 내음과 파도 소리를 더 많은 사람들에
게 전하고 싶다. 지역의 활기를 되찾기 위해, 대학을 비롯한
각종 단체와 함께 지역을 디자인하는 회의에도 참여하고
있다.

고토 타케토시

모두의 집(みんなの家)

- 주최: 타카하시(高橋), 이노우(稲生), 복지 커뮤니티 KOUZAKI
모두
- 운영 주체: NPO법인 복지 커뮤니티 KOUZAKI
- 주소: 〒879-2111 오이타현 오이타시 혼코자키 697-4(大分
県大分市本神崎697-4)

- 전화 및 FAX: 097-576-0053 또는 090-9477-7102
- HP: http://www.coara.or.jp/~fukura/kouzaki/kouzaki.php

'서로 존중하고 도와 주며 지지하는 지역 만들기'를 실현하는 것이 'NPO법인 복지 커뮤니티 KOUZAKI'의 목적이다. 약 20년 전에

900가구 2,300명이 결성한 11개의 자치회를 뜻하는 코우자키학구(こうざき校区)에서는 다양한 복지활동을 해왔다. 눈앞의 과제에 대해 "우선 해보자"는 마음으로 움직이기 시작한 뒤에는, 참여하는 주민들의 힘이 활기차게 이어져 왔다.

'모두의 집'도 '모두를 위한 안전한 장소를 가지고 싶다'라는 염원에서 출발했다. 주민이 필요로 하거나, 멀리서 오는 친구가 있으면 오픈한다. '남자가 차려주는 저녁 식사·영화 감상회'의 참가비는 500엔이다.

치매 카페 점심, 키즈카페, 노래방 모임 등을 통해 지역을 건강하게 유지하고 싶다. 바베큐 파티 같은 상담도 전화로 받고 있다.

고토 타케토시

갯벌(ひがた) 카페

- 주최: 아시카 유키코(足利由紀子)와 수수께끼 직원 2명
- 운영 주체: NPO법인 물가에서 노는 모임(水辺に遊ぶ会)과 나카츠 히가타(中津干潟) 주민들
- 주소: 〒871-0006 오이타현 나카츠시 히가시하마 물가에서 노는 모임 나카츠네이처센터 갯벌 연구소(大分県中津干潟市東浜水辺に遊ぶ会中津ネイチャーセンターひがたらぼ)
- 전화 및 FAX: 0979-77-4396
- HP: http://mizubeniasobukai.org/category/foods/

'물가에서 노는 모임' 은 세토우치에 남겨진 생물들의 낙원 '나카츠(中津干) 갯벌'의 보존을 위해 오이타현 나카츠시 주변에서 수변 환경

보전 활동을 하는 단체로서 레스토랑 은 아니지만, 그렇다고 단지 환경보호만 하는 단체도 아니다.

이 단체에서는 직접 잡은 물고기만 을 먹는다. 이에 대해서는 홈페이지 나 페이스북에 일목요연하게 설명되어 있다. 근처 대학과 전통요리연구가와는 '나카츠의 명물 갯장어·큰손딱총새우'

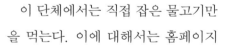

를, 해안 청소나 갯벌 관찰회의 때에는 갯벌에서 잡힌 물고기를 현지의 어부와 식당과 함께 아이들과 요리해 먹는다. 어부, 학교(어린이), 지역주민과 기업도 함께 갯벌을 지켜나가는 것이다.

고토 타케토시

코코치카페 무스비노(ここちカフェむすびの)
- 주최: 고노 겐지(河野健司), 벳푸 간나와 온천(別府鉄輪温泉)에 있음
- 운영 주체: 특정한 NPO 등의 조직 없이 역사적인 건물을 리모델링한 카페
- 주소: 〒874-0046 오이타현 벳푸시 간나와카미 1조(大分県別府市鉄輪上1組)
- 전화 및 FAX: 0977-66-0156
- HP: http://www.musubino.net/index.htm

1907년경에 병원으로 지어진 주택이 있었다. 조용히 우뚝 서서 마을을 지켜왔기에 통칭 '내려다보는 집'이라 불렸다. 이곳은 백 년의 시간을 거쳐 '코코치카페 무스비노'가 되었다. 오사카에서 온 마스터는 항상 "간나와가 좋으니까"라고 말한다.

좋아하는 간나와가 '마을 만들기의 거점'이 될 수 있도록, '가까운 사람에게 사랑받고 잠시 들르기 쉬운 장소'로 키워나가고 싶다. 지역 주민들을 건강하게 해주었던 건물에서,

이제는 '음식'을 통해 지역 주민들을 건강하게 해주고 싶다. 몸과 마음에 좋고 푸짐한 '무스비 런치'가 1,080엔이다.

고토 타케토시

갓세쿠우(gasse kuu)

- 주최: 마츠오 마유미(松尾真優美)
- 운영 주체: 소유주도 마찬가지이며 자택 개조형 점포이다.
- 주소: 〒840-0844 사가현 사가시 이세쵸 9-26(佐賀県佐賀市伊勢町9-26)
- 전화 및 FAX: 090-1369-8846
- SNS: https://www.facebook.com/ガッセクウgassekuu-129358113833349/

'갓세쿠우(gasse는 독일어로 골목이나 작은 길을 뜻한다)'는 사가 시내에서 30년간 카페를 계속해 온 마츠오 마유미 씨의 상냥한 성격 덕분에 많은 사람들과 커뮤니티를 형성해 왔다. 30년 전에 '차와 식음료 공(茶食飲·空)'을 오픈하였고, 14년 전에 매장 이전과 함께 '찻집 공(茶舍 空)'으로 변

신했다. 사가역에서 가까운 곳에 위치해 있으며, 맥주도 제공되니 퇴근길에 들리기 편안한 술집이다. 4년 전에는 살던 집을 개조하여 그곳으로 이전하였다. 지역주민들의 편안한 휴식 장소이자 '차와 식음료 공' 때부터 이어져 왔던 '아트 커뮤니티'로서 다양한 작가의 작품을 전시·판매하고 있다. 추천메뉴는 날 생강으로 만든 유일무이한 진저에일로 따뜻한 것은 400엔, 아이스는 450엔이다.

고토 타케토시

맺음말을 대신하며
: '나눔의 경제'를 목표로

20년 전에 필자가 제창한 커뮤니티 레스토랑은 전국에서 지역적 특성을 유지한 채로 진화해 왔습니다. 진화의 방향은 두 가지입니다. 첫째는 사람을 고용하는 사업체로서 점주와 손님 모두가 '먹고 살기 위한' 커뮤니티 레스토랑입니다. 둘째는 사람들이 모여서 담소를 나눌 수 있는 '지역의 사랑방'으로서의 커뮤니티 레스토랑입니다. 두 가지 모두 소중한 커뮤니티 만들기의 장이라고 생각합니다.

앞으로 커뮤니티 레스토랑은 어떤 방향으로 나아가는 게 좋을까요?

저는 2018년 10월 초, 스페인 빌바오에서 열린 〈2018 GSEF 빌바오 대회〉에 참가하고 왔습니다. GSEF는 Global Social Economy Forum, 즉 세계사회경제포럼의 약자로서, 세계화 시대를 맞이하여 사회적 연대에 의한 경제를 지향하는 세계 각지의 지역사회가 연대할 수 있는 포럼입니다.

이 포럼은 2013년에 박원순 서울시장이 발표한 '서울선언'에서 시작되어 2014년 서울에서 제1회 포럼이 개최되었고 2016년에는 캐나다 몬트리올에서 제2회 포럼이, 2018년에는 스페인 빌바오에서 제3회 포럼이 개최되었습니다. 빌바오 몬드라곤 지역은 사회적 연대 경제의 모델로 익히 알려져 있습니다.

사회적 연대 경제는 새로운 개념입니다. 이것을 저는 '나눔의 경제'라고 번역합니다. 이러한 정신이 앞으로 커뮤니티 레스토랑과 지역사회 만들기에 활용될 수 있기를 바랍니다.

커뮤니티 레스토랑이 지향하는 것은 바로 나눔입니다. 돈, 먹을 것, 커뮤니티에서의 돌봄. 이것들을 나눠주기 위해 '사회적 연대 경제'라는 패러다임으로 진화해야 하지 않을까요? 이 책이 앞으로 커뮤니티 레스토랑을 해보려고 생각하는 분들을 위한 길잡이이자 나침반이 되었으면 좋겠습니다. 그리고 커뮤니티 레스토랑의 존재를 더 많은 사람들에게 알리고 나눔으로써 경제 발전에도 도움이 된다면 더 바랄 것이 없겠습니다.

이 책을 출판하게 해주신 나시노키야(梨の木舎)의 하네다 유미코(羽田ゆみ子) 씨를 비롯해서 출판에 도움을 주신 모든 분들께 감사드립니다.

2019년 1월

세코 카즈호

함께 살아간다는 것. 어디서나 공동체를 일굴 수 있습니다. 마음을 모아 혼자만의 경험이 아닌, 우리의 경험을 모아내기만 한다면 가능합니다. 삶을 쏟아 붓는 특정한 이슈는 공동체를 만드는 좋은 씨앗입니다. 환경, 교육, 예술, 문화 등 '공동체 살리는 시리즈'는 공동체를 다시 일구는 든든한 디딤돌이 되겠습니다.

마을공동체와 사회적 경제 살리기
일본의 커뮤니티 레스토랑 사례를 통해 보는 경제 해법

초판 1쇄 발행 2021년 10월 15일

지은이. 세코 카즈호(世古一穂)
옮긴이. 조추용 조명아
커버 및 본문 일러스트. 다카쿠 아케미(たかく あけみ)
발행. 김태영

씽크스마트 미디어 그룹
서울특별시 마포구 토정로 222(신수동) 한국출판콘텐츠센터 401호
전화. 02-323-5609
웹사이트. thinksmart.media
인스타그램. @thinksmart.media
이메일. contact@thinksmart.media

*씽크스마트-더 큰 생각으로 통하는 길
'더 큰 생각으로 통하는 길' 위에서 삶의 지혜를 모아 '인문교양, 자기계발, 자녀교육, 어린이 교양·학습, 정치사회, 취미생활' 등 다양한 분야의 도서를 출간합니다. 바람직한 교육관을 세우고 나다움의 힘을 기르며, 세상에서 소외된 부분을 바라봅니다. 첫 원고부터 책의 완성까지 늘 시대를 읽는 기획으로 책을 만들어, 넓고 깊은 생각으로 세상을 살아갈 수 있는 힘을 드리고자 합니다.

*도서출판 사이다-사람과 사람을 이어주는 다리
사이다는 '사람과 사람을 이어주는 다리'의 줄임말로, 서로가 서로의 삶을 채워주고, 세워주는 세상을 만드는 데 기여하고자 하는 씽크스마트의 임프린트입니다.

*진담-진심을 담다
진담은 씽크스마트 미디어 그룹의 인터뷰형 홍보 영상 채널로 '진심을 담다'의 줄임말입니다. 책과 함께 본인의 일, 철학, 직업, 가치관, 가게 등 알리고 싶은 내용을 영상으로 만들어 사람들에게 제공하는 미디어입니다.

ISBN 978-89-6529-292-0 03330 15,000원